Elizabeth C. Prophet
& Mark L. Prophet

Seelenreisen zu den Refugien der Meister

Weisheitslehren der Meister

Seelenreisen

zu den Refugien der Meister

Elizabeth Clare Prophet
und Mark L. Prophet

Aus dem Englischen von Manfred Miethe

SILBERSCHNUR VERLAG

MIX
Papier aus verantwortungsvollen Quellen
FSC® C014138
FSC
www.fsc.org

Dieses Buch wurde ursprünglich auf Englisch als Teil des Werkes *Meeting the Masters* herausgegeben und in den USA publiziert.

Originaltitel: Sacred Adventure Series 2: Meeting the Masters, Chapter 3, »Soul Travel«, by Elizabeth Clare Prophet and Mark L. Prophet with Summit University Staff.

Summit University Press, 63 Summit Way, Gardiner, Montana 59030 U.S.A.
Tel: +1-406-848-9500 · Fax: +1-406-848-9555
www.SummitUniversityPress.com · E-Mail: Info@SummitUniversityPress.com

ISBN: 978-3-89845-370-7

1. Auflage 2012

Übersetzung: Manfred Miethe
Gestaltung & Satz: XPresentation, Güllesheim
Umschlaggestaltung: XPresentation, Güllesheim;
unter Verwendung des Motivs #27857506, www.fotolia.com
Druck: Finidr, s.r.o. Cesky Tesin

Verlag »Die Silberschnur« GmbH · Steinstraße 1 · 56593 Güllesheim
www.silberschnur.de · E-Mail: info@silberschnur.de

Inhaltsangabe

1.

Die Weisheitslehren der Meister: Im Schlaf lernen

Die Möglichkeiten, im Himmel etwas zu lernen, übersteigen bei weitem diejenigen, die wir an den besten Universitäten auf Erden haben. Dieses Buch schildert, wie wir uns diese Tatsache durch außerkörperliche Reisen zu den ätherischen Refugien zunutze machen können. In den Refugien werden spirituelle Klassen abgehalten, in denen wir tiefgehende Unterweisungen direkt von den Mitgliedern der kosmischen Hierarchie empfangen können. Diese nächtlichen Ausflüge können uns ein größeres Maß an Erleuchtung, Inspiration und

Führung schenken, was uns helfen wird, unsere Lebensaufgabe zu bewältigen und unsere spirituelle Entwicklung zu vervollkommnen. Sobald wir einmal die einfachen Schritte beherrschen, wie wir unsere Seele während des Schlafes auf diese Schule schicken können, werden wir eine Welt betreten, die ebenso real ist wie jene, in der wir tagsüber leben - und wesentlich schöner.

Während unsere Körper des Nachts schlafen

Wir machen uns mit den Konzepten der Aufgestiegenen Meister vertraut, indem wir sie hier auf Erden studieren. Aber eine andere Möglichkeit, diese Wahrheiten zu absorbieren, besteht darin, sich, während der Körper schläft, zu den Refugien der Meister auf den inneren Ebenen zu begeben. In diesen himmlischen Klassenzimmern erhalten unsere Seelen die Gelegenheit, persönlich unterwiesen zu werden, himmlische Führung zu empfangen und ihr spirituelles Streben zu beschleunigen. Zudem können wir andere unterstützen, ihnen Trost spenden und ihnen helfen, das Wissen, das sie empfangen haben, auf praktische Weise zu nutzen.

In den Refugien finden auch viele andere Aktivitäten statt. So kann man zum Beispiel Wissenschaftler beobachten, die in chemischen und elektrischen Laboratorien Formeln und Erfindungen perfektionieren, oder zusehen, wie Ärzte an Durchbrüchen in der Medizin arbeiten. Man mag auch Architekten begegnen, die an Plänen für futuristisch anmutende Gebäude arbeiten, oder neue Musikinstrumente und transzendente Kunstwerke sehen, die sich in verschiedenen Phasen der Entwicklung befinden.

Erinnerungen an das, was in den Refugien geschieht, treten gelegentlich während des Tages in unser Bewusstsein. Aber nicht jeder erinnert sich daran, was er auf seinen Seelenreisen getan hat. Bei manchen werden ihre inneren Erinnerungen durch eine zufällige Begegnung mit wirklichen Menschen oder in bestimmten Situationen ausgelöst. Diese Kontakte inspirieren sie dann häufig, nach äußeren Beweisen zu suchen, um die Erfahrungen in den inneren Refugien zu bestätigen. Als Folge davon mögen sich manche Menschen zum ersten Mal auf einen spirituellen Weg begeben, und jene, die bereits eifrige Schüler sind, können schneller voranschreiten.

Was sind ätherische Refugien?

Die Refugien der Großen Weißen Bruderschaft befinden sich auf der ätherischen Ebene, die manchmal auch als Himmelswelt bezeichnet wird. Um zu diesen Refugien zu gelangen, benutzt die Seele den ätherischen Körper - denjenigen der vier niederen Körper mit der höchsten Schwingung. Da seine Schwingung jener der ätherischen Ebene, der höchsten Schwingungsebene der Materie, entspricht, wird er benutzt, um dorthin zu reisen und dort zu arbeiten.

Daher haben sich all jene, die - wenn sie bereit waren für den Ruf der Liebe - von der Erde aufgestiegen sind, zunächst auf den inneren Ebenen gelöst, wie wir die nächtliche Reise der Seele beschrieben haben, und haben in den Refugien der Meister und Engel der Großen Weißen Bruderschaft Unterricht genommen.

Daher wird ein Großteil dieser Arbeit auf den inneren Ebenen vollbracht.[1] *Und jene, die auf diese von Christus gelehrte, wissenschaftliche Weise an ihrer Erlösung arbeiten, werden dann, wenn sie sich wieder in der physischen Form befinden, Wahrheitssucher, die sich hierhin und dorthin wenden, bis sie dieselbe Stimme hören, die sie auf den inneren Ebenen gehört haben: die Stimme des Christus. Und so reisen sie manchmal um die ganze Welt, um jemanden zu finden, der ihnen einen einzigen Schlüssel geben kann, mit dessen Hilfe sie dieses süße Geheimnis des Lebens verstehen können.*[2]

Erzengel Chamuel und Charity

Strategische Standorte

In den ätherischen Refugien, die überall auf dem Planeten an bedeutsamen geografischen Positionen verankert sind, herrscht ein gewaltiges spirituelles Licht. Jedes Refugium hat seine einzigartigen Charakteristika und bewahrt einen Vorrat an Lichtenergie, die eingesetzt wird, um der Menschheit auf ihrem evolutionären Weg zu helfen.

Verschiedene Aufgestiegene Meister haben uns während ihrer Diktate ihre Refugien beschrieben. So sagte zum Beispiel Erzengel Michael im Jahre 1996:

"Ich lade euch ein, auf euren nächtlichen Seelenreisen mein ätherisches Refugium im Victoria Mountain in der Nähe von Banff in den kanadischen Rocky Mountains aufzusuchen. Ich spreche hier auch die Einladung aus, mindestens einmal in eurem Leben eine Pilgerreise nach Nordamerika zu unternehmen, um mit den Aufgestiegenen Meistern zu kommunizieren und die Standorte ihrer Refugien und Fokalpunkte zu besuchen - zum Beispiel Grand Teton in Wyoming, der das Royal-Teton-Refugium beherbergt, das wichtigste nordamerikanische Refugium der Großen Weißen Bruderschaft."[3]

An anderer Stelle haben wir einen kurzen Blick in den Aufstiegstempel im Refugium über Luxor

Basilica Antiga in Fátima

in Ägypten werfen dürfen und auch mehr über die Refugien auf der ätherischen Ebene erfahren, die häufig mit physischen Lokalitäten auf der Erde übereinstimmen. Derartige Lokalitäten werden als "äußere Fokalpunkte" dieser Refugien bezeichnet, die dafür bekannt sind, dass sie Stätten hoher spiritueller Energie sind. Dazu gehört auch der Schrein in Fátima in Portugal, der mit dem

Washington Monument

ätherischen Refugium Mutter Marias und Erzengel Raphaels übereinstimmt. Einige Refugien befinden sich auch über großen Gebirgsketten, wie dem Himalaja oder den Anden. Andere befinden sich über Städten oder selbst über bestimmten Gebäuden oder Monumenten, wie dem Washington Monument in Washington, D. C.

Alte Fokalpunkte des Lichts

Die Meister haben uns einige interessante Einsichten in die Geschichte der Refugien gewährt. Während der goldenen Zeitalter auf Erden existierten viele von ihnen auf der physischen Ebene. In jenen Tagen wandelten und sprachen die Aufgestiegenen Meister und Engel mit denjenigen Menschen auf Erden, die sich ein reines Bewusstsein erhalten hatten. Einige dieser Orte waren ehemalige Mysterienschulen[4], die von der Großen Weißen Bruderschaft[5] unterhalten worden waren. So wurden beispielsweise in den Mysterienschulen von Lemurien und Atlantis jene Menschen in den spirituellen Wahrheiten unterwiesen, die bereit waren, der Disziplin der Bruderschaft zu folgen. Zu den neueren Mysterienschulen gehören die Sangha von Gautama Buddha, das Refugium von Shambala im Gobi-See (heute die Wüste Gobi), die Schule des Pythagoras in Kroton (dem heutigen Crotone in Kalabrien) und die Gemeinschaft der Essener in Qumran. Andere befanden sich im Himalaja, dem Fernen Osten und Ägypten sowie in Europa und Südamerika.

Im Laufe der Geschichte hat es immer wieder Zeiten spiritueller Verdunkelung gegeben, in denen das Bewusstsein der Menschen weit unter das Niveau des Christus gesunken war. Während dieser Zeiten wurden die Mysterienschulen aufgelöst, um das in ihnen verankerte Licht davor zu schützen, missbraucht zu werden. Um die Entweihung ihrer heiligen Schätze und ihres spirituellen Erbes zu verhindern, wurden einige der Tempelrefugien in Bergen oder in der Erde eingeschlossen, um auf diese Weise unerwünschte Eindringlinge fernzuhalten.

In vielen dieser Fälle haben die dafür zuständigen Meister ihre spirituellen Flammen und heiligen Schreine auf die ätherische Ebene zurückgezogen. Weil so viele der Refugien verborgen oder entrückt wurden, ist es heute notwendig geworden, sie in einem außerkörperlichen Zustand aufzusuchen – während des Schlafes oder zwischen irdischen Verkörperungen.

Kristallstädte und Tempel des Lichts

Verschiedene heute lebende Menschen haben das strahlende Licht und die Schönheit der ätherischen Refugien während einer Nahtoderfahrung erleben dürfen. Während ihre physischen Körper klinisch "tot" waren, reisten sie in ihren ätherischen Körpern zu den Refugien und bewegten sich durch dieses wundersame Reich. Dort fanden sie weise, wohlwollende himmlische Wesen, die sie unterwiesen und sie durch ihre Prüfungen geleiteten. Diese Individuen kehrten dann mit Geschichten über außergewöhnlich schöne Städte mit vielen Bibliotheken und Tempeln des Lichts zurück.

Einer dieser Menschen ist der bekannte Autor Dannion Brinkley, der 1975 vom Blitz getroffen wurde. Brinkley lag 28 Minuten lang wie tot da, bevor er erwachte und sich an unglaubliche Erlebnisse in den Refugien erinnerte. Nachdem er durch einen dunklen Tunnel gereist und sich auf ein geistiges Wesen zubewegt hatte, war er in eine Kristallstadt geführt worden. In seinem Buch *Saved by the Light*[6] beschreibt Brinkley seine Sicht dieser Stadt:

“Wie Vögel ohne Flügel stießen wir in eine Stadt der Kathedralen hinab. Diese Kathedralen bestanden ganz und gar aus einer kristallinen Substanz, die in einem Licht erglühte, das machtvoll aus ihrem Inneren erstrahlte. Wir standen vor einer Kathedrale. Sie hatte Türme, die sich hoch und so spitz wie die der großen Kathedralen Frankreichs erhoben, und Mauern, die so massiv und mächtig wie die des Tabernakels der Mormonen in Salt Lake City waren. Die Mauern waren aus großen Glasziegeln gebaut, die von innen heraus glühten. (...)
Ich war von Ehrfurcht ergriffen. Dieser Ort besaß eine Macht, welche die Luft zum Pulsieren brachte. Ich wusste, dass ich mich an einem Ort des Lernens befand. (...) Ich war dort, um unterwiesen zu werden. Ich schaute das Lichtwesen an und dachte eine Frage: ‘Ist dies der Himmel?’ Ich erhielt keine Antwort. Stattdessen bewegten wir uns vorwärts, einen prächtigen Gang hinauf und durch glühende Kristallportale hindurch.
Als wir das Gebäude betraten, war das Lichtwesen nicht mehr bei mir. (...) Dieser Ort

> erinnerte mich an einen prächtigen Vorlesungssaal. Die Bänke waren auf eine Weise aufgestellt, dass diejenigen, die auf ihnen sitzen würden, auf ein langes Podium schauen konnten, das wie Bergkristall leuchtete."

Betty Eadie, eine Frau, die eine Nahtoderfahrung überlebt und ihren Körper während einer Operation verlassen hatte, beschreibt in ihrem Buch *Embraced by the Light*[7] eine "Bibliothek", die sie in der Welt des Geistes wahrgenommen hatte. "Ich wurde in einen anderen großen Saal gebracht, der einer Bibliothek ähnelte. Ich sah mich um, und es schien sich um einen Aufbewahrungsort von Wissen zu handeln, aber ich konnte keine Bücher sehen. Dann bemerkte ich, dass mir Ideen in den Sinn kamen, dass ich von einem Wissen über Dinge, über die ich lange nicht oder noch nie nachgedacht hatte, erfüllt wurde. Dann erkannte ich, dass es sich um eine Bibliothek des Geistes handelte. Indem ich an ein Thema dachte (...), kam alles Wissen zu diesem Thema zu mir. Ich konnte in allen Einzelheiten alles über irgendeine Person in der Geschichte oder selbst über die geistige Welt lernen."

Jene Menschen, die sich an ihre Erfahrungen in den Refugien erinnern können, beschreiben auch Klassenzimmer und Hörsäle, in denen unzählige Wissensgebiete studiert und gelehrt werden. Die Aufgestiegenen Meister haben uns gesagt, dass die Archive in den Bibliotheken der ätherischen Refugien alle Aufzeichnungen aus den Bereichen Wissenschaft, Erfindung und Recht sowie die Geschichte aller Zivilisationen enthalten, die jemals auf diesem und anderen Planeten existiert haben. Jene, die dorthin kommen, um zu lernen, können alles über die faszinierende Geschichte der Erde erfahren, über die Höhepunkte und den Niedergang der Kulturen ihrer goldenen Zeitalter und darüber, auf welche Weise unsere Zivilisation an den Punkt gelangt ist, an dem sie sich heute befindet.

Andere Einblicke in das ätherische Reich entstammen der Arbeit mehrerer Reinkarnationstherapeuten. 1978 berichtete Dr. Edith Fiore, dass einige ihrer Probanden "wunderschöne Seen, herrliche Landschaften und strahlende Städte" gesehen hatten[8]. Die Beschreibungen der Aufgestiegenen Meister von ihren Refugien sind ähnlich und sogar noch umfangreicher und ausführlicher. Sie berichten von herrlichen Farben, die man auf Erden nicht findet, von himmlischer Musik, die über die Grenzen der heiligen Orte hinaus hörbar ist, und von prachtvollen Kunstwerken, mit denen die Säle geschmückt sind. Fokalpunkte der sieben Strahlen, die machtvolle Ströme konstruktiver Energie aussenden, sind in vielen von ihnen vorhanden. Und während manche Refugien richtige Städte sind, bestehen andere nur aus einem Tempel oder aus Gebäuden mit einer unterschiedlichen Anzahl von Räumen.

Strahlende Stationen harmonisierenden Lichtes

Die Refugien und Tempel der Meister sind nach wissenschaftlichen Gesichtspunkten an zentralen geografischen Orten platziert worden, wobei ihre Positionen so berechnet wurden, dass sie das größtmögliche Licht über die Menschheit ausschütten können. Jedes Refugium fungiert als Sendestation und als Empfangsstation der Energie,

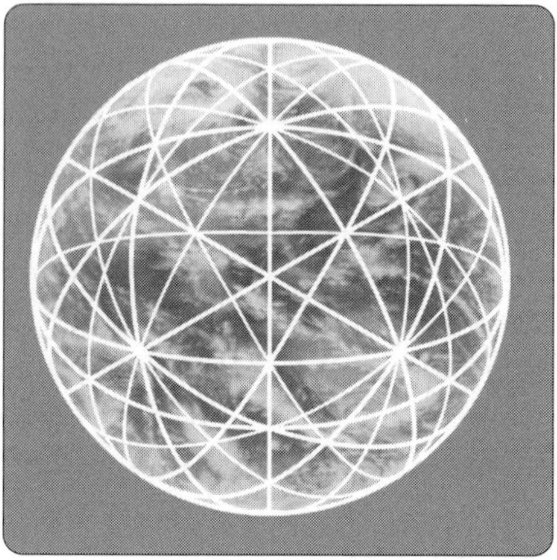

Netzwerk der Refugien

die von den anderen ausgestrahlt wird. Zudem empfängt es die Lichtenergie, die von nahen und fernen Sternen sowie der Großen Zentralsonne zur Erde gesandt wird.

Dieses Refugien-Netzwerk bildet einen gigantischen kosmischen Resonator, da das Licht zwischen den einzelnen Stationen in magnetischen Wellen hin und her geworfen wird. Diese Oszillation der Energie erzeugt einen kosmischen Ton: den Ton des

AUMs, der mit dem inneren Ohr gehört werden kann. Dieser kosmische Grundton badet die Erde, das Naturreich und die gesamte Menschheit in der Schwingung des heiligen Wortes der Schöpfung. Der Aufgestiegene Meister El Morya teilte uns einige faszinierende Einzelheiten über die Funktionsweise dieses Systems mit: "Es ist eine Tatsache, dass sich die gesamte Sphäre dieses ätherischen Geflechts, in dem sich die ätherischen Refugien befinden, unabhängig von der Erde mit einer Geschwindigkeit bewegen kann (und dies manchmal auch tut), die weit über die der Erddrehung hinausgeht. Dadurch wird ein harmonischer Ton erzeugt, der die vielen Refugien der Aufgestiegenen Meister und deren eigene Töne miteinander verbindet. So manifestiert sich dann ein wundersamer Akkord reiner Liebe. Bedenkt, dass wir durch die machtvollen Lichtstrahlen jeden Teil der Erde erreichen und das Licht in den Herzen der Menschen verstärken können, wo immer sie auch sein mögen - und dass wir dies auch tun."[9]

Wie in einem Bienenstock

In den Refugien geht es zu wie in einem Bienenstock. Alles, was hier geschieht, ist darauf ausgerichtet, die planetarische und die kosmische Harmonie zu erhalten. In den Ratsversammlungen der Aufgestiegenen Meister und kosmischen Wesen wird darüber beraten, wie sie der sich entwickelnden Menschheit am besten helfen können. Ihr Wunsch ist es, mit jenen Seelen zu kommunizieren und zusammenzuarbeiten, die ihnen in selbst gewählten Arbeitsbereichen dabei helfen können, die Bewusstseinsentwicklung auf der Erde voranzubringen. Viele der größten Inspirationen in den schönen Künsten, der Staatskunst oder der Wissenschaft sind von Menschen hervorgebracht worden, die einige Zeit in den Refugien verbracht haben - entweder zwischen Verkörperungen oder während des Schlafes. Menschen, die dort mit den Meistern arbeiten, haben eine wunderbare Möglichkeit, der Bruderschaft zu helfen, der Erde Frieden und Erleuchtung zu bringen.

Andacht ist ebenfalls eine der wichtigen Aktivitäten in den Refugien. An den Altären der sieben spirituellen Strahlen rufen die Aufgestiegenen Meister und ihre Schüler Lichtenergie zur persönlichen wie planetarischen Heilung und Umwandlung an. Die Juwelen und mystischen Symbole, welche die Tempel schmücken, tragen dazu bei, starke positive Schwingungen auf die Erde zu übertragen, um den Planeten ins Licht zu heben. Eine weitere Aktivität in den Refugien ist die Begutachtung früherer Leben. Lichtseelen, die durch das Portal, das wir Tod nennen, gegangen sind, werden hier willkommen geheißen, damit sie sich auf ihre nächste Inkarnation auf Erden vorbereiten können. Die Forschungen des Rückführungstherapeuten Dr. Joel Whitton[10] offenbarten, dass Individuen während ihres Zwischenlebens ihr nächstes Leben in Zusammenarbeit mit einem Gremium von Richtern und Beratern planen, das Karmisches Direktorium genannt wird.

Viele der Personen, die von Dr. Whitton interviewt wurden, berichteten, dass sie die Zeit zwischen den Verkörperungen damit verbracht hatten, in den Refugien zu studieren. "Die meisten der von Dr. Whitton untersuchten Personen", schrieben Whitton und Fisher, "haben in den riesigen Schulgebäuden, die mit Bibliotheken und Seminarräumen ausgestattet waren, schwer gearbeitet. So haben zum Beispiel Ärzte und Rechtsanwälte berichtet, dass sie während des Zwischenlebens ihre Kenntnisse in ihren jeweiligen Berufsfeldern erweitert haben, während andere sich daran erinnerten, sich mit Bereichen wie 'Gesetze des Universums' und anderen metaphysischen Themen auseinandergesetzt zu haben. Manche Menschen berichten sogar davon, dass sie Themen studiert haben, die sich jeder Beschreibung entziehen, weil sie kein irdisches Äquivalent haben."

Archetypen für heilige Städte auf Erden

Ein Grund, warum die Aufgestiegenen Meister möchten, dass wir die vielen Aspekte der Refugien erleben, besteht darin, dass sie wollen, dass wir diese auf der Erde manifestieren. Elizabeth Clare Prophet erklärte uns, dass die ätherischen Städte als Archetypen der himmlischen Stadt oder des neuen Jerusalem gesehen werden können, das der

Apostel Johannes im Neuen Testament beschrieb: "Und ich, Johannes, sah die heilige Stadt, das neue Jerusalem, von Gott aus dem Himmel herabfahren ..."[11] Sie sagte, dass Johannes die ätherischen Städte und die Ankunft vom Reich Gottes manifest auf Erden gesehen hatte.

1987 sprach der Erzengel Raphael während eines Diktats über dasselbe Thema. Er sagte: "Aus welchem Grund, meint ihr wohl, hat der Herr dem geliebten Johannes die heilige Stadt gezeigt, wie sie vom Himmel herniederfuhr? Das geschah, damit ihr erkennen könnt, dass sich dieser ätherische Bauplan auf Erden manifestieren soll. (...) Damit sich endlich die goldene, ätherische Stadt des Lichts wieder und wieder in den Städten der Erde widerspiegeln möge, die zum Reich unseres Gottes werden soll."[12]

Die Meister haben uns offenbart, dass sich 14 goldene Städte des Lichts auf der ätherischen Ebene über den Meeren und Wüsten der Erde befinden. Wenn Menschen, nachdem sie über die Schwelle getreten sind, von den Refugien angezogen werden, leben sie dort unter den Engeln und Aufgestiegenen Meistern, bis sie in eine Verkörperung zurückkehren. Die Besuche helfen ihnen, die Erinnerung an ihre Leben in früheren goldenen Zeitaltern wachzurufen. Nachdem ihnen diese Erinnerungen an kulturelle Vollkommenheit geschenkt wurden, versuchen sie, wenn sie sich inkarnieren, das, was sie gesehen haben, zurückzubringen, um die Gesellschaft zu verbessern. Aus diesem Grund sind kleine Kinder so voller Hoffnung und so überzeugt davon, dass sie alles tun und die Welt verändern können.

Möglichkeiten der Klausur mit den Chohans

Wie soll man angesichts der vielen ätherischen Städte und Refugien wissen, welche man aufsuchen soll? Die Chohans der sieben Strahlen haben uns die Antwort auf diese Frage gegeben, indem sie den Schülern die Möglichkeit bieten, in besonderen Einrichtungen in den Refugien zu studieren, die als Universitäten des Geistes bezeichnet werden. Diese ähneln aber gewöhnlichen Universitäten in keinster Weise. Maitreya formulierte es folgendermaßen: "Geliebte Herzen, diese Bezeichnung hat nichts mit den weltlichen Konzepten einer Universität gemein, welche die weltlichen Diplome verleiht. Ihr habt deshalb nichts davon gehört, dass Diplome vergeben werden, weil es keine gibt, die verliehen werden könnten. Die 'Diplome' sind geistiger Natur, und es ist eine große Ehre, sie verliehen zu bekommen, weil ihr sie auf den inneren Ebenen empfangt."[13]

An den Universitäten des Geistes besuchen die Schüler jeden Chohan über einen Zeitraum von jeweils 14 Tagen und empfangen stufenweise

Unterweisungen in den sieben Strahlen. Dann studieren sie unter dem Maha Chohan , dem großen Herrn, weiter, welcher der Hierarch der sieben Chohans ist. Er hilft den Schülern, die Lektionen zu integrieren, die sie auf den verschiedenen Strahlen gelernt haben.

Der Nutzen des Studiums an den Universitäten des Geistes

Die Universitäten des Geistes bieten klare Vorteile, die den Seelen helfen können, das höchste Ziel im Leben zu erreichen: die glorreiche Wiedervereinigung mit der ICH-BIN-Gegenwart, die als Aufstieg bezeichnet wird. 1997 ermutigte uns Erzengel Raphael, uns diese unglaubliche Gelegenheit zum Fortschritt zunutze zu machen.

> "Ja, ihr Geliebten, dies sind die Tage, in denen die Tore des Himmels (der ätherischen Oktave) jenen geöffnet werden, die bereits, während sie noch auf Erden sind, zu den Refugien der Himmelswelt reisen und des Nachts an den

Universitäten des Geistes studieren, um dann tagsüber zu ihren Verpflichtungen auf Erden zurückkehren. In ihren Seelen bringen sie das höhere Wissen mit, das sie an den Universitäten erworben haben.

Das kann auch euch geschehen, ihr Geliebten. Es gibt viele Aussagen (...) über jene, die sich an das erinnert haben, was sie von den Tempeln des Lernens in der Himmelswelt mitgebracht haben. Strebt danach! Denn eines Tages werdet ihr es erstreben, und ihr werdet Erfolg haben."[15]

Einer der Vorteile des Studiums mit den Chohans besteht in der zunehmenden Meisterung der sieben Strahlen. Ein weiterer ist die enorm gesteigerte Möglichkeit, das persönliche Karma auszugleichen.

Meisterschaft auf den sieben Strahlen erlangen

Wie bereits erklärt, müssen die Seelen ein Mindestmaß an Meisterschaft auf jedem der sieben Strahlen erlangen, bevor sie den Aufstieg bewerkstelligen können. Der Besuch der Klassen der Chohans kann die eigene Meisterschaft auf den sieben Strahlen ungemein verstärken. Eine langjährige Schülerin der Aufgestiegenen Meister, die 15 Jahre lang die Universitäten des Geistes besucht hat, erklärt uns, wie ihr das Studium geholfen hat, spirituell zu wachsen:

"Ich kann gar nicht sagen, wie dankbar ich für die Möglichkeit bin, mit den sieben Chohans an den Universitäten des Geistes zu studieren. Es scheint ein Zusammenhang zwischen dem zu bestehen, was ich des Nachts - speziell während eines vierzehntägigen Zyklus mit den jeweiligen Chohans - in den Refugien lerne und was mir während des Tages widerfährt. Wenn ich mich nachts in das Refugium eines Chohans begebe, merke ich, dass ich tagsüber mit seinem oder ihrem Strahl arbeite. Ich kann mich beinahe daran erinnern, was ich in den Refugien lerne, weil ich es sofort umsetze. Ich spüre die Farbe des Strahls um mich herum und spüre auch einen ununterbrochenen Kontakt zu diesem Meister. Ich danke Gott für diesen Segen. Ich habe tatsächlich gesehen, wie ich im Laufe der Jahre immer größere Meisterschaft erlangt habe!"

Negatives Karma ausgleichen

Das Studium an den Universitäten des Geistes gibt den Schülern zudem Gelegenheit, ihr persönliches Karma auszugleichen, wenn sie wieder in ihr tägliches Leben zurückkehren, da in den Refugien bedeutende Vorarbeit für dieses Unterfangen geleistet wird. Die Menschen werden durch spirituelle Unterweisungen und eigene Erfahrungen angeleitet und darauf vorbereitet, negative Tendenzen aus dem gegenwärtigen oder einem früheren Leben zu korrigieren.

Ab einem gewissen Punkt kann es vorkommen, dass die Meister jene früheren Verkörperungen offenbaren, die mit den karmischen Umständen in diesem Leben zu tun haben. So führt zum Beispiel El Morya die Seelen in seinem Refugium in Darjeeling vor einen "kosmischen Spiegel". Zunächst scheint der Blick in den Spiegel dem Blick auf eine ganz normale Kinoleinwand zu ähneln. Aber dann wählt der Meister bestimmte Szenen aus der Akasha-Chronik[16] aus - und plötzlich erwachen diese zum Leben. Was man sieht, geht weit über 3-D hinaus. Man ist wirklich dort! Ein Teil eines vergangenen Lebens - oder mehr als ein Teil - läuft vor einem ab. Augenblicklich wird man sich der Konsequenzen seiner Taten bewusst, während man die Gefühle, die Gedanken und die betreffenden Handlungen noch einmal durchlebt. Unter diesen Umständen kann man erkennen, wie weise es ist, die violette Flamme einzusetzen, um das negative Karma dieser Szenen umzuwandeln. Und obwohl dies Arbeit bedeutet, so freut sich die Seele doch darauf, sich den notwendigen Herausforderungen zu stellen.

Nach der Lebensschau trägt El Morya dem Schüler auf, zu jener Szene zurückzukehren, in der das Karma erschaffen wurde - zurück in den physischen Körper und die karmische Situation -, und die Dinge durch die Macht der göttlichen

Liebe und der violetten Flamme in den alltäglichen Angelegenheiten ins Lot zu bringen.

Die große Eröffnung der Universitäten des Geistes

Wie kam es zu diesem gewaltigen Dispens zur spirituellen Weiterentwicklung? Es begann alles am 1. Januar 1986 in der prachtvollen Umgebung des Royal Teton Refugiums über der Teton-Gebirgskette in Wyoming, USA. Wir wollen nun dorthin reisen und das damalige Ereignis miterleben.

> Heute ist Sylvesterabend, und die Meister aus allen Teilen der Welt kommen zu einer großen Versammlung und ernsten Beratungen zusammen. Wir kommen früh an, gerade als die Sonne untergeht und die schneebedeckten Gipfel des Grand Teton in goldene Rosatöne taucht.
> Während wir auf die Neujahrsansprache des geliebten Gautama Buddha warten, gehen wir zu einem riesigen ätherischen Amphitheater,

Gautama Buddha

in dem sich Tausende nicht aufgestiegener Seelen versammelt haben. Meister Lanto, der Hierarch des Refugiums, führt uns aus dem großen Ratssaal heraus und durch einen Korridor zu einer Tür, die sich zur sternenklaren Nacht hin öffnet. Dort erhebt sich Sitzreihe um Sitzreihe um eine zentrale Bühne herum.

Es ist beinahe Mitternacht, und Gautama Buddha sitzt auf einem goldenen Thron, während die Herren des Karmas[17] neben ihm stehen. Der Herr der Welt ist bereit, zu den im großen Ratssaal versammelten Mitgliedern der Bruderschaft und den Gästen, die das Amphitheater füllen, zu sprechen.

Stille breitet sich in dem von Sternenlicht erhellten Amphitheater aus, als er zu sprechen beginnt. Bald erheben sich die sieben Chohans, treten vor und verbeugen sich. So zeigen sie ihren Respekt gegenüber der Flamme Gottes. Sie überreichen dem Herrn Gautama und den Herren des Karmas eine Schriftrolle.

Die vorsitzenden Meister öffnen die Schriftrolle und lesen sie. Einen Augenblick später sieht der Buddha auf und erklärt, dass die Rolle eine Bitte der Chohans enthalte, in ihren Refugien Universitäten des Geistes eröffnen zu dürfen, an denen Zehntausende Schüler die Gesetze der Aufgestiegenen Meister studieren können.

Er skizziert den Plan für jene, die mit Fleiß dem Pfad der Selbstmeisterung auf den sieben Strahlen folgen und vor allem den ersten und siebten Strahl meistern und sofort damit beginnen wollen, die persönliche und planetarische Umwandlung durch die violette Flamme in Gang zu setzen.

Das Studium beginnt mit einem vierzehntägigen Zyklus bei El Morya in Darjeeling, worauf zwei Wochen mit Saint Germain im Royal-Teton-Refugium folgen. Der Schüler wird abwechselnd beide Refugien besuchen, bis er gewisse Grade der Einweihung erfolgreich absolviert hat und die Möglichkeit erhält, bei den anderen Chohans zu studieren.

Der Herr der Welt verkündet, dass er gemeinsam mit den Herren des Karmas diese Petition gutgeheißen habe und dass sie zu dieser Stunde formell gewährt werde.

Die Menge im Amphitheater springt auf und bejubelt diesen Erlass. Die Berge hallen wider von den begeisterten Beifallsrufen der Menschen ... so groß ist die Sehnsucht ihrer Seelen, die Mysterienschulen der Bruderschaft zu besuchen![18]

Der Ablauf einer Klausur

Als Gautama Buddha die Eröffnung der Universitäten des Geistes bekanntgab, beinhaltete der von ihm skizzierte Stundenplan eine Abfolge, die sich von der normalen Ordnung der sieben Strahlen unterscheidet. Wie die Tabelle auf Seite 44-45 zeigt, werden die Universitäten des Geistes in folgender Reihenfolge besucht:

1. El Morya, Chohan des ersten Strahls
2. Saint Germain, Chohan des siebten Strahls
3. Meister Lanto, Chohan des zweiten Strahls
4. Paul der Venezianer, Chohan des dritten Strahls
5. Meisterin Nada, Chohan des sechsten Strahls
6. Serapis Bey, Chohan des vierten Strahls
7. Hilarion, Chohan des fünften Strahls
8. Der Maha Chohan

Elizabeth Clare Prophet erklärte uns, dass diese Reihenfolge einer bestimmten Logik folgt. Man beginnt mit dem Studium bei El Morya, um in Übereinstimmung mit dem Willen Gottes zu gelangen und um den göttlichen Bauplan im Innern zu bekräftigen. Indem man sich zuerst auf dem ersten Strahl engagiert, gewinnt man ein Gefühl der Entschlossenheit und stellt seine Füße fest auf den spirituellen Weg. Gleichzeitig wird die blaue Flamme der dreifältigen Flamme verstärkt.

Anschließend studieren die Schüler mit Saint Germain. Indem sie den siebten Strahl kennen und ihn zu gebrauchen lernen, wird die Entwicklung der Seelen durch die violette Flamme augenblicklich beschleunigt. Dadurch kann auch das Karma früherer Leben ausgelöscht werden, das El Morya den Schülern in seinem Refugium im kosmischen Spiegel gezeigt hat.

Der dritte Studienabschnitt findet bei Meister Lanto, dem Chohan des zweiten Strahls, statt. Dort empfangen die Schüler eine Vertiefung ihrer Erleuchtung durch die Weisheitsflamme.

VIERZEHNTÄGIGE ZYKLEN AN ...

... wie sie von Gautama Buddha in seinem Diktat vom 1. Januar 1986 ...

Chohan	*82. Zyklus*	*83. Zyklus*	*84. Zyklus*
El Morya *Darjeeling, Indien*	3.11. – 16.11.2011	23.2. – 7.3.2012	14.6. – 27.6.2012
Saint Germain *Royal-Teton-Refugium, Wyoming*	17.11. – 30.11.2011	8.3. – 21.3.2012	28.6. – 11.7.2012
Meister Lanto *Royal-Teton-Refugium, Wyoming*	1.12. – 14.12.2011	22.3. – 4.4.2012	12.7. – 25.7.2012
Paul der Venezianer *Tempel der Sonne, New York*	15.12. – 28.12.2011	5.4. – 18.04.2012	26.7. – 8.8.2012
Nada *Saudi-Arabien*	29.12.2011 – 11.1.2012	19.4. – 2.5.2012	9.8. – 22.8.2012
Serapis Bey *Luxor, Ägypten*	12.1. – 25.1.2012	3.5. – 16.5.2012	23.8 – 5.9.2012
Hilarion *Kreta, Griechenland*	26.1. – 8.2.2012	17.5. – 30.5.2012	6.9. – 19.9.2012
Maha Chohan *Ceylon (Sri Lanka)*	9.2. – 22.2.2011	31.5. – 13.6.2012	20.9. – 3.10.2012

... DEN UNIVERSITÄTEN DES GEISTES

... und vom Gott Meru in seinem Diktat vom 28. Dezember 1986 festgelegt wurden:[19]

	85. Zyklus	*86. Zyklus*	*87. Zyklus*	*88. Zyklus*
	4.10. – 17.10.2012	24.1. – 6.2.2013	16.5. – 29.5.2013	5.9. – 18.9.2013
	18.10. – 31.10.2012	7.2. – 20.2.2013	30.5. – 12.6.2013	19.9. – 2.10.2013
	1.11. – 14.11.2012	21.2. – 6.3.2013	13.6. – 26.6.2013	3.10. – 16.10.2013
	15.11. – 28.11.2012	7.3. – 20.3.2013	27.6. – 10.7.2013	17.10. – 30.10.2013
	29.11. – 12.12.2012	21.3. – 3.4.2013	11.7. – 24.7.2013	31.10 – 13.11.2013
	13.12. – 26.12.2012	4.4. – 17.4.2013	25.7. – 7.8.2013	14.11. – 27.11.2013
	27.12.2012 – 9.1.2013	18.4 – 1.5.2013	8.8. – 21.8.2013	28.11. – 11.12.2013
	10.1. – 23.1.2013	2.5. – 15.5.2013	22.8. – 4.9.2013	12.12. – 25.12.2013

Danach folgt das Studium des rosafarbenen (dritten) Strahls unter Paul dem Venezianer, der den Weg der feurigen Liebe durch göttliche Kunst lehrt. Er zeigt den Schülern, wie man das Bild seines eigenen Christusselbst malt, und lehrt sie, wie man dieses äußerlich manifestieren kann.

Gautama Buddha erklärt den Rest des Stundenplans so:

> "Ihr Geliebten, diese Ausbildung wird dann der Vervollständigung der dreifältigen Flamme und besonders der Entwicklung des Herzens dienen. (...) Dann, so müsst ihr wissen, folgt der Weg der geistlichen Fürsorge und des Dienens, was eine logische Manifestierung der Liebe und einer ausgewogenen dreifältigen Flamme ist. Durch geistliche Fürsorge und Dienen im Refugium von Meisterin Nada in Arabien werden sie [die Schüler] einen Ort finden, an dem sie (...) dynamische Dekrete (...) für alle widrigen Umstände (...) lernen können. Wenn sie diese Refugien durchlaufen haben, sind sie bereit, in der Reinheit der heiligen Feuer im Tempel des Aufstiegs gewaschen zu

werden. (...) Dann geht es weiter nach Kreta. (...) Dort zeigt Hilarion ihnen die Wahrheit aller Zeitalter, und die Wissenschaft des Seins offenbart sich Schicht für Schicht.

Wenn sie so eine volle Runde aus vierzehntägigen Zyklen in diesen Refugien absolviert haben, von denen manche im selben Refugium wiederholt werden, während andere sich abwechseln, dann werden sie wiederkommen, um die zweiten und dritten Grade der Ausbildung auf den sieben Strahlen zu absolvieren."[20]

Die vierzehntägigen Zyklen an den Universitäten des Geistes stellen eine kostbare Chance dar, eng mit den sieben Chohans zu arbeiten und zu studieren, über die Eigenschaften, die sie verkörpern, zu meditieren und diese in sich aufzunehmen. In der Tabelle auf Seite 44 - 45 können Sie den aktuellen Zeitplan der Seminare einsehen.[21] Nun wollen wir uns ansehen, wie wir dorthin gelangen können.

Eine Formel, um zu den Refugien zu reisen

Die Aufgestiegenen Meister haben uns eine einfache Methode und viele hilfreiche Hinweise gegeben, mit denen wir zu den Refugien reisen können. Das nachfolgende Gebet ist eine Grundformel, mit der man darum bitten kann, zu den Universitäten des Geistes gebracht zu werden. In diesem Gebet wird El Moryas Refugium im indischen Darjeeling als Beispiel verwendet. Es beinhaltet die Bitte, mit der Energie des göttlichen Willens aufgeladen zu werden.

> Im Namen des ICH BIN DER ICH BIN rufe ich den geliebten Erzengel Michael an, mir einen Engel zu senden, der mich in meinem ätherischen Körper zum [Refugium des Willens Gottes] in [Darjeeling] bringt. [Lade meine vier niederen Körper mit dem Willen Gottes und mit meinem göttlichen Bauplan auf.] Möge dies nach Gottes Wille geschehen. Amen.

(Es folgt das englische Original.)

> *In the name of the I AM THAT I AM, I call to beloved Archangel Michael to send an angel to escort me in my etheric body to [the Retreat of God's Will] in [Darjeeling]. [Charge my four lower bodies with the will of God and my divine blueprint.] Let it be done according to God's will. Amen.*

Darjeeling, Indien

Um zum Refugium eines anderen Chohans zu gelangen, können Sie die entsprechenden Informationen in die Klammern einfügen. In der folgenden Tabelle finden Sie dazu den Namen des Chohans,

DIE UNIVERSITÄTEN ...

Abfolge	*Strahl*	*Chohan*	*Universität des Geistes*	
1	erster	El Morya	Refugium des Willens Gottes; Darjeeling, Indien	
2	siebter	Saint Germain	Royal-Teton-Refugium Teton-Gebirgskette, Wyoming, USA	
3	zweiter	Lanto	Royal-Teton-Refugium Teton-Gebirgskette, Wyoming, USA	
4	dritter	Paul der Venezianer	Tempel der Sonne Manhattan, New York, USA	
5	sechster	Nada	Arabisches Refugium (Refugium Jesu); Saudi-Arabien	
6	vierter	Serapis Bey	Tempel des Aufstiegs Luxor, Ägypten	
7	fünfter	Hilarion	Tempel der Wahrheit Kreta, Griechenland	
8	achter	Maha Chohan	Tempel der Tröstung Ceylon (Sri Lanka)	

... DES GEISTES

	Beispiel für im Gebet vorgebrachte Bitten
	Lade meine vier niederen Körper mit dem Willen Gottes und mit meinem göttlichen Bauplan auf.
	Sättige mich mit der violetten Flamme, um so viel von meinem Karma umzuwandeln wie möglich.
	Lehre mich den Weg der Weisheit, und zeige mir, wie ich mein Christusbewusstsein hervorbringen kann.
	Unterweise mich im Gesetz der Liebe, und schenke mir die Formel für den Sieg der Liebesflamme in meinem Herzen.
	Unterweise mich in der Meisterung meiner Gefühle, damit ich ein Instrument des Friedens im Dienste des Lebens sein kann.
	Gewähre mir die Disziplin und die Ausbildung, die ich auf dem Weg des Aufstiegs benötige.
	Lehre mich den Weg der Wahrheit und der göttlichen Anwendung von Wissenschaft und Heilung.
	Zeige mir, wie ich die Eigenschaften der sieben Strahlen integrieren und die Gaben des Heiligen Geistes empfangen kann.

die Lage des Refugiums und so weiter. Wenn Sie möchten, können Sie zudem um Führung bitten oder darum, in bestimmten Fragen oder Problembereichen in Ihrem Leben unterstützt zu werden - soweit sie den Strahl, den Sie gerade studieren, betreffen.

Es ist hilfreich (aber nicht unbedingt notwendig), ein Bild der physischen Entsprechung des Refugiums zu haben, über das man vor der Seelenreise dorthin meditieren kann. Sie können sich beispielsweise auf ein Foto der Teton-Gebirgskette oder auf ein Bild der Berge um das indische Darjeeling herum konzentrieren, wenn Sie zu den Refugien von Saint Germain oder El Morya reisen wollen. Sie können auch über das Bild des Tempels des Aufstiegs meditieren, während Sie sich darauf vorbereiten, sich nach Luxor zu begeben, um dort mit Serapis Bey zu arbeiten. Bilder der Refugien sind in dem Buch *Lords of the Seven Rays: Mirror of Consciousness* von Mark L. und Elizabeth Clare Prophet zu finden.

Der Tempel des Aufstiegs in Luxor

Die Übung auf Seite 63 ff. vereint all diese Vorschläge als praktische Vorbereitung für eine Seelenreise. Die Schüler können aber zusätzlich darum bitten, außer zu den Refugien der Chohans auch zu den Refugien der Erzengel reisen zu dürfen.[22] Häufig ist allerdings die Arbeit mit den Chohans an den Universitäten des Geistes die Voraussetzung dafür, dass man mit den Erzengeln in ihren ätherischen Refugien arbeiten darf.

Die gelernten Lektionen erinnern

Man erinnert sich nicht immer daran, dass man in den Refugien war, aber manchmal wacht man morgens auf und erinnert sich sogar an die eine oder andere Erfahrung, die man dort gemacht hat. Man mag es für einen Traum halten, aber oftmals erinnert man sich an eine tatsächliche Begegnung mit Meistern, Engeln oder kosmischen Ratgebern. Manche Menschen erwachen und sind eindeutig motiviert, eine bestimmte Aufgabe anzupacken. Andere spüren vielleicht, dass die Last, für deren Entfernung sie am Abend zuvor gebetet haben, tatsächlich von ihren Schultern genommen worden ist, oder sie wissen beim Erwachen genau, was sie unternehmen müssen, um ihre Probleme lösen zu können.

Elizabeth Clare Prophet sagte, dass sie jeden Morgen, wenn sie in ihren Körper zurückkehrte, hörte, wie die Engel mit ihr sprachen. Häufig erinnerte sie sich an etwas, dass sie tun musste, oder an eine Lösung für ein Problem, das sie vor dem Schlafengehen Gott überantwortet hatte. Sie sagte, unsere wachen Momente würden uns die

Möglichkeit bieten, Kontakt mit der anderen Welt aufzunehmen und das goldene Zeitalter zu sehen, das auf der ätherischen Ebene bereits existiert. Wir können auch unseren göttlichen Plan erkennen und herausfinden, was wir tun können, damit dieser umgesetzt wird. Wenn wir aber nicht aufmerksam genug sind, dann verlieren wir die Erinnerungen, die uns so wichtige Hinweise für unser Leben geben können.

Bevor Sie abends zu Bett gehen, ist es hilfreich, Ihr Höheres Selbst zu bitten, Ihnen dabei zu helfen, sich an Ihre Erfahrungen in den Refugien zu erinnern. Es ist außerdem nützlich, ein Tagebuch und einen Stift auf dem Nachttisch bereitliegen zu haben, damit Sie die Anweisungen und Offenbarungen sofort nach dem Aufwachen niederschreiben können. Gewisse Träume sind verschlüsselte Botschaften, die Ihnen in symbolischer Form von Ihrem heiligen Christusselbst übermittelt worden sind. Eine Möglichkeit, ihre Bedeutung zu entschlüsseln, besteht darin, Ihr Höheres Selbst zu bitten, die Träume zu entschlüsseln und Ihnen zu zeigen, wie Sie die in ihnen enthaltenen Lektionen auf Ihr tägliches Leben anwenden können. Eine andere Möglichkeit besteht darin, das Material des Traumes zu durchsuchen und das umzusetzen, was richtig zu sein scheint und mit Ihren moralischen Standards übereinstimmt. Anschließend verwerfen Sie alles, was keinen Sinn ergibt oder nicht rational ist.

Manchmal haben die Menschen, die Seelenreisen praktizieren, Träume, die nichts mit ihren Erlebnissen in den Refugien zu tun haben. Diese Träume ereignen sich häufig, während die Seele in den physischen Körper zurückkehrt. Aus diesem Grund kommt es häufig vor, dass Menschen denken, sie wären gar nicht in einem Refugium gewesen, obwohl sie dort waren. Dies ist ziemlich normal und sollte kein Grund zur Besorgnis sein. Ob sich jemand nun bewusst an eine Erfahrung in einem Refugium erinnert oder nicht, die Erinnerungen daran werden dennoch Auswirkungen auf sein Leben haben. El Morya sagte: "Die Lektionen, welche die Seele außerhalb des Körpers im Schlaf lernt, sind nie verloren, sondern werden zu einem Teil des Gemisches des unbewussten Selbstbewusstseins, das gerade genug an die Oberfläche kommt, um die Seelenerinnerung wachzurufen und uns zu entschlossenem Handeln zu bewegen."[23]

Manchmal dauert es seine Zeit, bis unsere Erlebnisse in den Refugien Früchte tragen. Saint Germain hatte dies über die Lektionen, die wir aus den Refugien mitbringen, zu sagen: "Und so empfangen alle, je nach individueller Fähigkeit und Notwendigkeit, genau das, was sie mit zurücknehmen müssen, wenn sie wieder in den Körper eintreten, was normalerweise gegen 4.00 Uhr morgens geschieht. Manche werden sich in ihrem Wachbewusstsein daran erinnern, was sie gelernt haben, während andere sechs Monate bis drei Jahre oder noch länger brauchen, bis sie ein Bewusstsein des Wissens erlangen, das sie auf den inneren Ebenen verinnerlicht haben."[24]

Aber unabhängig davon, ob wir uns bewusst daran erinnern können, was wir in den Refugien gelernt haben, oder nicht, so lernen doch unsere Seelen die Lektionen und erlangen allmählich ein höheres spirituelles Bewusstsein. Nun wollen wir uns damit beschäftigen, wie wir unsere Seele dabei unterstützen können, zu den ätherischen Refugien zu reisen.

Vorbereitung auf die Seelenreise

Um von der physischen Ebene auf die ätherische Oktave zu gelangen, muss die Seele durch die sogenannte “Astralebene” hindurch. Diese Ebene schwingt auf einer niedrigeren Frequenz als die ätherische Oktave und entspricht den Gefühlen, den Begierden und dem Unbewussten aller Wesen, die auf Erden leben. Die Astralebene ist verschmutzter und verwirrender als die ätherische Ebene. Nur zu leicht können Seelen dort verloren gehen und sich in endlosen emotionalen Experimenten verlieren, die ihren spirituellen Fortschritt verhindern. Zu den Methoden des Seelenreisens, die nicht von den Aufgestiegenen Meistern gelehrt werden - wie zum Beispiel die Astralprojektion -, gehören häufig außerkörperliche Erfahrungen auf der Astralebene.

Die Refugien der Meister existieren auf der ätherischen, nicht auf der astralen Ebene. Daher ist es für den Seelenreisenden wichtig, einige Vorsichtsmaßnahmen zu treffen, um sicherzustellen, dass er tatsächlich die ätherische Ebene erreicht, auf der sich die Refugien befinden, statt sich von der

Astralebene anziehen zu lassen. Unbewältigte negative Gefühle, wie Wut oder Angst, können verhindern, dass jemand die Refugien erreicht, weil diese Elemente des Bewusstseins auf der Astralebene dieselben Energien anziehen. Dadurch wird verhindert, dass die Seele in die Himmelswelt aufsteigen kann. Daher sollten Wut, Irritation und Streit beigelegt werden, bevor man sich schlafen legt. Davon sprach der Apostel Paulus, als er sagte: "Zürnet und sündiget nicht; lasset die Sonne nicht über eurem Zorn untergehen."[25]

Die Aufgestiegenen Meister haben viele praktische Vorschläge gemacht, um zu gewährleisten, dass die Seele sicher zu den ätherischen Refugien gelangt. Sie können mit den folgenden Tipps experimentieren, um herauszufinden, was für Sie am besten funktioniert. Bedenken Sie dabei, dass Ihre alltägliche Routine Einfluss darauf hat, was Sie jeweils tun können. Tun Sie einfach das, was sich für Sie richtig anfühlt, während Sie ein persönliches Ritual zur Vorbereitung auf die Refugien in Ihren Alltag integrieren.

Tipps für die Reise zu den Refugien

1. Betrachten Sie Ihr Schlafzimmer als Hort des Friedens. Sorgen Sie dafür, dass die Schwingung Ihres Schlafzimmers so hoch wie möglich ist. Vermeiden Sie Unordnung, und hängen Sie sich schöne Bilder an die Wand. Sie können auch eine schöne Statue aufstellen, um Ihr Bewusstsein anzuheben, und klassische oder entspannende Musik spielen lassen, um den Raum mit den Schwingungen des Friedens und der Harmonie zu sättigen.

2. Essen Sie drei Stunden vor dem Schlafengehen nichts Schweres. Auf diese Weise können Ihre Körperfunktionen heruntergefahren werden, sodass die Energie nicht mehr auf die Verdauung konzentriert ist. Wenn Sie unbedingt etwas essen müssen, sollte es etwas Leichtes sein.

3. Schauen Sie sich vor dem Schlafengehen keine gewalttätigen oder andere verstörende

Bilder an. Beunruhigende Bilder im Fernsehen, in Filmen oder auf dem Computerbildschirm können Ihre Energien zur Astralebene hinziehen und verhindern, dass die Seele zur ätherischen Ebene aufsteigen kann. Wenn möglich, versuchen Sie, im Schlafzimmer überhaupt nicht fernzusehen.

4. Gehen Sie möglichst vor 23 Uhr ins Bett, damit Sie um Mitternacht in den Refugien sein können. Die Aufgestiegenen Meister empfehlen ihren Chelas[26] häufig, um diese Zeit ins Bett zu gehen, damit sie pünktlich ihre Plätze in den ätherischen Refugien einnehmen können.

5. Lesen Sie vor dem Schlafengehen in inspirierenden oder spirituellen Büchern oder in der Bibel. Erbauliche, erhebende Literatur hilft Ihnen, Ihr Bewusstsein anzuheben, wodurch es für Erzengel Michael leichter wird, Sie zu den Refugien zu geleiten.

6. Läutern Sie Ihre vier niederen Körper mit Dekreten an die violette Flamme. Rezitieren Sie vor dem Schlafengehen fünf bis 15 Minuten lang Dekrete an die violette Flamme. Das hilft, negative Gedanken und Gefühle umzuwandeln, die sonst verhindern könnten, dass Ihre Seele die ätherische Oktave erreicht. Sie können darum bitten, dass aller Hader durch die violette Flamme umgewandelt wird und dass vollkommener Friede und vollkommene Harmonie Ihre vier niederen Körper erfüllen mögen.

7. Schließen Sie mit anderen Menschen Frieden, bevor Sie abends ins Bett gehen. Dies ist ein sehr nützlicher Tipp, denn die Meister fordern uns immer wieder auf, die Last unbewältigter negativer Gefühle nicht mit auf eine Seelenreise zu nehmen. Sie können dies auf folgende Weise erreichen:

   a. Wenn möglich, schließen Sie Frieden mit der Person, mit der Sie ein Problem haben. Dazu gehört, sich zu entschuldigen und um Vergebung zu bitten und/ oder dem anderen zu vergeben, wenn er Ihnen etwas angetan hat.

b. Wenn es nicht möglich ist, das Problem mit der anderen Person/den anderen Personen vollständig zu beheben, formulieren Sie ein Gebet, in dem Sie Gott um Vergebung für jedes Leid bitten, das Sie verursacht haben. (Sie können dieses Gebet auch verallgemeinern und um Vergebung für alles Verletzende, was Sie jemals irgendjemandem angetan haben, bitten.)

c. Rezitieren Sie dann die Dekrete an die violette Flamme, um die Ursache und den Kern des Problems umzuwandeln.

Übung:

Sich auf die Seelenreise vorbereiten

Versuchen Sie, die folgende Übung als Vorbereitung auf die Reise zu den ätherischen Refugien zu machen.

Bevor Sie anfangen, lokalisieren Sie die gegenwärtige Universität des Geistes anhand der Tabelle auf Seite 44 - 45. Fügen Sie den Namen des jeweiligen Chohans, den Ort seines Refugiums und Ihre Bitte um Unterweisung in die in Klammern gesetzten Leerräume des Gebets auf Seite 48 ein. Die Tabelle auf Seite 50 - 51 gibt Beispiele für Bitten, die Sie in diesem Gebet äußern können.

1. Setzen Sie sich bequem hin, atmen Sie tief ein und aus und konzentrieren Sie sich auf Ihr Herz.

2. Denken Sie über die Aktivitäten des Tages nach, und überlegen Sie, ob es irgendwelche Probleme oder Gefühle gegeben hat, die Ihnen vergeben werden müssen. Denken Sie an diese, während Sie das folgende Gebet um Vergebung sprechen. Rezitieren Sie anschließend neun Mal das Dekret an die violette Flamme.

Im Namen meiner ICH-BIN-Gegenwart und meines heiligen Christusselbst bitte ich um

Verlag
»Die Silberschnur«
Postfach 41
D-56590 Horhausen

Vergebung für alle Verfehlungen, die ich jemals gegen das Leben begangen habe. Ich vergebe allen, die mir gegenüber jemals Verfehlungen begangen haben. [Fügen Sie hier Ihr persönliches Gebet um Vergebung ein.]

ICH BIN die hier wirkende Vergebung,
die alle Zweifel und Furcht vertreibt
und die Menschen für immer befreit
auf den Flügeln des kosmischen Sieges.

Ich rufe mit voller Kraft
um Vergebung zu jeder Stunde;
an alle Lebewesen allerorts
verströme ich verzeihende Gnade.

(Es folgt das englische Original.)

I AM forgiveness acting here,
Casting out all doubt and fear,
Setting men forever free
With wings of cosmic victory.

I AM calling in full power
For forgiveness every hour;
To all life in every place
I flood forth forgiving grace.

3. Stellen Sie sich vor, dass Sie in einem Ei aus blauem Feuer eingeschlossen und von Erzengel Michael und seinen Engeln der blauen Flamme umgeben sind.
4. Rezitieren Sie das folgende Dekret drei Mal als Schutz.

Sankt Michael vor mir, Sankt Michael hinter mir,
Sankt Michael zur Rechten, Sankt Michael zur Linken,
Sankt Michael oben, Sankt Michael unten,
Sankt Michael, Sankt Michael, wo immer ich gehe!

ICH BIN seine beschützende Liebe hier!
ICH BIN seine beschützende Liebe hier!
ICH BIN seine beschützende Liebe hier!

Erzengel Michael

(Es folgt das englische Original.)

Lord Michael before, Lord Michael behind,
Lord Michael to the right, Lord Michael to the left
Lord Michael above, Lord Michael below,
Lord Michael, Lord Michael wherever I go!

I AM his love protecting here!
I AM his love protecting here!
I AM his love protecting here!

5. Rezitieren Sie nun das Refugiums-Gebet, und fügen Sie die entsprechenden Informationen ein.
   Im Namen des ICH BIN DER ICH BIN rufe ich den geliebten Erzengel Michael an, mir einen Engel zu senden, der mich in meinem feinstofflichen Körper zum [Name des Refugiums des betreffenden Meisters] in [Ort des Refugiums] bringt. [Fügen Sie hier eine spezifische Bitte, was in dem betreffenden Refugium geschehen möge, ein.] Möge dies nach Gottes Willen geschehen. Amen.

6. Meditieren Sie, wenn möglich, über einem Bild des äußeren Fokalpunktes des Refugiums oder über einem Bild des Meisters, dessen Refugium Sie aufsuchen möchten. Oder stellen Sie sich das Refugium oder den Meister vor Ihrem geistigen Auge vor.

7. Gehen Sie im vollsten Vertrauen schlafen, dass Ihre Seele an ihrem Bestimmungsort ankommen wird.

   Wenn Sie diese Meditation in Zukunft ausführen, dürfen Sie sie gerne an Ihre persönlichen Bedürfnisse anpassen. Sie können zudem eine oder mehrere der folgenden Ideen hinzufügen.

   - Atmen Sie tief, um sich besser zu entspannen und auf die Seelenreise vorzubereiten.
   - Intonieren Sie das AUM, bevor Sie schlafen gehen – solange Sie möchten.
   - Fügen Sie andere Gebete oder Dekrete Ihrer Wahl hinzu, oder ersetzen Sie dieses Gebet durch sie.

2.
Ein Puzzleteil: Lemurien

Lemurien, auch als Mutterland oder Mu bezeichnet, war einst ein Kontinent im Pazifischen Ozean, der vor vielen Tausend Jahren die Zivilisation eines goldenen Zeitalters hervorbrachte. Nach den Forschungen von James Churchward, einem Archäologen und Autor des Buches *Mu, der versunkene Kontinent. Auf den Spuren von Wissen und Weisheit einer geheimnisvollen Kultur.*[27], erstreckte sich Lemurien über ein Gebiet, das von Hawaii über fast 5000 Kilometer nach Süden bis zur Osterinsel und zu den Fidschi-Inseln reicht. Der Kontinent bestand aus drei großen Landmassen, die sich von Osten

nach Westen über eine Breite von 8000 Kilometern ausdehnten.

Churchwards Geschichte Lemuriens beruht auf Inschriften auf heiligen Tafeln, die er angeblich in Indien entdeckt hat. Er entzifferte die Tafeln mit der Hilfe des Hohepriesters eines indischen Tempels. Aufgrund seiner 50 Jahre währenden Forschungsarbeiten bestätigte Churchward den Inhalt der Tafeln durch weitere Schriften, Inschriften und Legenden, die er in Südostasien, Yucatán, Zentralamerika, den pazifischen Inseln, Mexiko, Nordamerika, Ägypten und anderen Zivilisationen gefunden hatte.

Die Aufgestiegenen Meister haben Lemuriens Zivilisation des goldenen Zeitalters als eine mit hohen kulturellen Standards und großen Fortschritten in Wissenschaft und Technologie beschrieben, die unser heutiges Niveau bei weitem übersteigen. Jahrhunderte ununterbrochener kultureller Errungenschaften wurden durch ein universelles Einssein mit der göttlichen Mutter[28] hervorgebracht. Weil die Mutterflamme von den Einwohnern Lemuriens geehrt und verehrt wurde, stieg ihre Zivilisation zu gewaltiger Größe auf und brachte in jedem Bereich des Lebens große Errungenschaften hervor. Die Flamme der göttlichen Mutter brannte ununterbrochen auf dem Altar des Haupttempels und nährte während des goldenen Zeitalters den gesamten Kontinent.

Aber nach und nach begannen die Priester und Priesterinnen, das Licht der göttlichen Mutter zu missbrauchen. Sie entweihten die Tempel durch den Missbrauch des heiligen Feuers, was katastrophale Auswirkungen hatte. Der Missbrauch des Lichts der Mutter fand seinen Höhepunkt in der Ermordung der Inkarnation der göttlichen Mutter, der höchsten Repräsentantin des weiblichen Strahls in jener Epoche. Der spirituelle Niedergang, das übermäßige Streben nach Vergnügen und der Missbrauch von Macht und Technologie trugen zum Niedergang dieser Zivilisation bei. Als Folge davon ging der Kontinent von Lemurien unter.

Churchward schätzt, dass der Untergang von Mu vor über 12.000 Jahren durch den Zusammenbruch der Gaskammern, die den Kontinent stabil gehalten hatten, verursacht wurde. Lemurien ging in Flammen unter, und alles, was davon übrig geblieben ist, ist der pazifische Feuerring, der Ring aus Vulkanen an den Grenzen des Pazifischen Ozeans.

Durch den Untergang von Lemurien gingen die wissenschaftlichen und kulturellen Errungenschaften

aus Hunderttausenden von Jahren verloren. Die Flamme der Mutter, die in Lemuriens heiligem Boden verankert war, ging unter - aber sie ging nicht verloren. Die Flamme wurde fortgebracht und brennt noch heute im ätherischen Refugium der Erleuchtung in den Anden in der Nähe des Titicacasees in Südamerika, wo sie auf der geistigen Ebene von den Verehrern des heiligen Feuers am Leben erhalten wird.

3.

Die Aufgestiegene Meisterin Leto

Die Aufgestiegene Meisterin Leto ist eine Repräsentantin der göttlichen Mutter und dient auf dem fünften (grünen) Strahl der Wissenschaft, Heilung und Manifestation. In einem spirituellen Zusammenhang gebraucht, kennzeichnet der Begriff Manifestation den Vorgang, mit dem etwas, was sich auf der ätherischen Ebene befindet, auf die materielle gebracht wird. Zudem bezeichnet der Begriff den Prozess, mit dem die Fülle aller guten, vollkommenen Gaben aus unserem Kausalkörper herabgezogen wird: finanzieller Reichtum, vollkommene Gesundheit, Lebensfreude und unsere besonderen Talente und Begabungen. Meisterin Leto hat mit den Methoden der Absonderung seit über 10.000 Jahren gearbeitet und zeigt uns, wie wir alles, was wir in Körper, Geist und Seele brauchen, absondern können, um unser Bewusstsein für das Wassermannzeitalter angemessen zu entwickeln.

Elizabeth Clare Prophet hat gesagt, dass Meisterin Leto eine der größten Lehrerinnen der Menschheit ist und dass es eine der größten Ehren für uns ist, in der Gegenwart ihres Geistes zu verweilen. In seinem Buch *The Magic Presence*[29] schreibt Godfré Ray King, dass Leto auf einfache, leicht verständliche Weise lehrt, sodass die Schüler ihre Lehren leicht in die Praxis umsetzen können. Sie ist eine wunderbare Lehrerin für Kinder und Jugendliche, und es ist ihr besonderer Wunsch, Angehörige der jüngeren Generation, die ihren Fortschritt auf dem Weg des Aufstiegs beschleunigen möchten, auf den inneren Ebenen auszubilden.

Die Gegenwart von Meisterin Leto wird manchmal durch den Duft von Heidekraut angekündigt. Während eines Diktats teilte sie uns mit: “Im elften

Jahrhundert lebte ich in Schottland, und während eines Erlebnisses in jenem Leben (...) wurde mir die Erinnerung an Heidekraut besonders lieb und teuer. (...) Der Duft des Heidekrauts verbreitet sich so stark, so sehr, dass (...) er von jenen wahrgenommen werden kann, die in meiner Nähe sind." Weiter erklärte sie, dass Heidekraut oder Erika ein Symbol für ihre Liebe zum Heiligen Geist in der Natur ist. Es erinnert sie zudem an das Licht in den Menschen von Schottland, den britischen Inseln und in Europa, die in früheren Leben so eifrig und fleißig mit ihr gearbeitet haben.

Letos Zwillingsflamme ist der Aufgestiegene Meister Alexander Gaylord, der während des späten 20. Jahrhunderts ein wichtiger Botschafter der Großen Weißen Bruderschaft in Europa war. Als aufgestiegene Wesen arbeiten Leto und er daran, die Sache der Wissenschaft der göttlichen Mutter voranzubringen. Ihr ätherisches Refugium in Paris in Frankreich ist der violetten Flamme geweiht. Leto hat gesagt, dass die läuternde violette Flamme das Licht des Herzens verstärkt und der Verschmelzung der Seele mit dem heiligen Christusselbst förderlich ist. Daher hat sie die Macht, den

Willen Gottes in die Materie zu manifestieren. Letos Meisterschaft auf dem violetten Strahl zeigt sich in dem intensiv leuchtenden, lilafarbenen Lichtgewand, das sie trägt.

Die Räte der Großen Weißen Bruderschaft trugen Meisterin Leto auf, die Chelas die Seelenreise zu lehren, damit sie ihr spirituelles Wesen ausdehnen und ihrem Höheren Selbst sowie allen Wesen des Lichts näher kommen können. Leto erklärte, dass die Entwicklung einer engen persönlichen Beziehung zu den Meistern unsere Fähigkeit verstärkt, uns mit ihnen auf den Seelenreisen zu verbinden. Indem die Schüler mehr über das Leben der Meister erfahren, ihre Lehren anwenden und ihren Tugenden nacheifern, können sie sich mit ihren Herzflammen verbinden und werden mit mehr Licht erfüllt. Dadurch verstärken sie ihre Fähigkeit, in ihren ätherischen Körpern zu den Refugien zu reisen.[30]

Leto war in Atlantis eine Wissenschaftlerin. Sie fördert und unterstützt Wissenschaftler und gibt jenen, die im wissenschaftlichen Bereich arbeiten und studieren, praktische Tipps. Sie ermutigt uns, die Wissenschaft der Manifestation in unserem

Leben zu praktizieren, und rät: "Gebt den Sinn für Wissenschaftlichkeit nicht auf, wenn ihr das geistige Reich betretet. Das geistige Reich ist Wissenschaft durch und durch, eine Wissenschaft, die einen ganzen Kosmos umfasst, sowohl in der Mathematik als auch in den Prinzipien der Physik."[31] Meisterin Leto befürwortet zudem die Vereinigung von Wissenschaft und Religion als duale Aspekte der göttlichen Mutter.

Neben ihrer wissenschaftlichen Tätigkeit in Atlantis war Leto auch während eines ihrer Leben in Europa den Naturwissenschaften verpflichtet. Während dieses Lebens hatte sie einmal Schwierigkeiten, bestimmte Resultate in ihrem Chemielabor zu erzielen. Sie beschloss, mit der Arbeit aufzuhören und ihre gesamte Aufmerksamkeit auf das göttliche Feuer in ihrem Herzen zu konzentrieren. Da realisierte sie, dass die gesamte wissenschaftliche Weisheit der dreifältigen Flamme entspringt. Sie rief den Gott im Innern an, um das Wissen zu erlangen, das sie brauchte, um der Menschheit zu helfen. In sehr kurzer Zeit gelang ihr der Durchbruch in ihren Experimenten.

Elizabeth Clare Prophet sagt, dass es eine wissenschaftliche Methode ist, die dreifältige Flamme ins Gleichgewicht zu bringen, um so den eigenen göttlichen Plan, eine Erfindung, ein Lied, ein Gedicht oder jede andere Schöpfung zu uns herabzuziehen. Wenn sich die blaue, die gelbe und die rosafarbene Flamme der dreifältigen Flamme in vollkommenem Gleichgewicht befinden, beginnen sie sich zu drehen und das weiße Feuer der göttlichen Mutter zu erzeugen. Das Licht der Mutter ruft dann die Materialisierung jeder Schöpfung, Idee, jedes Gedichtes oder Liedes hervor. Als Leto sich mit großem Eifer auf die Macht des Christusbewusstseins ihrer eigenen dreifältigen Flamme konzentrierte, verband sie sich in ihrem Herzen mit dem weißen Feuer Gottes als Mutter. Durch dieses Feuer zog sie die Weisheit und das Wissen zu sich herab, um ihre Experimente erfolgreich abschließen zu können.

Als Lehrerin auf dem smaragdgrünen Strahl der Heilung erklärt Meisterin Leto, dass jeder heilen kann, wenn er nur bereit ist, sich mit Herz, Verstand und Seele dem Willen Gottes hinzugeben und unermüdlich nach Erleuchtung zu streben. Sie sagt, dass Heilung kein Wunder ist, sondern eine exakte Wissenschaft. Um die Ganzheit wiederherzustellen, muss man den Willen Gottes genau und präzise verstehen und wie ein göttlicher Chirurg handeln, der, durch die Flamme der Wahrheit geleitet, einen Einschnitt in das Bewusstsein des niederen Selbst durchführt. Da jede Heilung die Erfüllung des göttlichen Musters bedeutet, muss die Macht der Wahrheit mit absoluter Gewissheit angerufen werden, damit sich Veränderungen einstellen können.

Elizabeth Clare Prophet hat vorgeschlagen, dass wir Meisterin Leto an 30 aufeinanderfolgenden Tagen anrufen, um ein umfassendes Verständnis der Wissenschaft der göttlichen Mutter zu erlangen. Nach Ablauf der 30 Tage, so sagte sie voraus, würden wir ein größeres Bewusstsein von der Wissenschaft des Universums besitzen. Sie können dies selbst überprüfen, indem Sie den folgenden Ruf ergehen lassen:

Im Namen des ICH BIN DER ICH BIN rufe ich die geliebte Meisterin Leto an und bitte sie, mich die Wissenschaft der göttlichen Mutter und des Kosmos zu lehren. Hilf mir, meine dreifältige Flamme ins Gleichgewicht zu bringen, damit ich alles hervorbringen kann, was ich brauche, um Gott im Wassermannzeitalter zu dienen. Möge dies nach dem Willen Gottes geschehen.

Nach Ablauf der 30 Tage mag es für Sie nützlich sein, die Ergebnisse Ihres Experiments in einem Tagebuch zu notieren, um so festzuhalten, wie sich Ihr Leben verändert, wenn Sie eng mit dieser Aufgestiegenen Meisterin zusammenarbeiten.

4.

Die befreiende Macht des Wortes

Wir können die spirituelle Energie, die wir durch die Wissenschaft des gesprochenen Wortes herbeirufen, durch die Anwendung einiger einfacher Konzepte ungeheuer verstärken. So kann zum Beispiel feurige Entschlossenheit allein schon die Macht Ihrer Dekrete steigern. Und Gott kann ihre Wirksamkeit millionenfach verstärken, wenn wir die Dekrete nach gewissen Richtlinien, die uns von Aufgestiegenen Meistern offenbart wurden, rezitieren.

Feurige Entschlossenheit

Wenn wir uns während des Dekretierens vollkommen auf eine Sache konzentrieren, trägt dies dazu bei, die Intensität der ICH-BIN-Gegenwart zu steigern und so die Kraft unserer Anrufungen zu vervielfachen. Wir müssen nicht unbedingt mit lauter Stimme oder über längere Zeit rezitieren, um von unserem Höheren Selbst einen starken Energieschub zu empfangen. Es kommt auf die Qualität des Dekrets an, und das beinhaltet, dass das gesprochene Wort mit feuriger Entschlossenheit rezitiert wird. Meisterschaft in dieser Wissenschaft zu erlangen, bedeutet daher, die Worte eines Dekretes mit Liebe, Entschlossenheit, ohne jeden Zweifel und kompromissloser Zurückweisung all dessen auszusprechen, was diesen Worten entgegensteht.

Elizabeth Clare Prophet sagt, dass Entschlossenheit ein "Feuer des Glaubens" ist; man weiß, dass der Ruf augenblicklich erhört wird. Entschlossenheit bedeutet ein Stählen des Geistes, sie ist ein Befehl des eigenen Christusselbst, das sich weigert, auch nur den Hauch eines Widerstands gegenüber dem gesprochenen Wort in Betracht zu ziehen. Der HERR verkündete diese Sichtweise, als er durch den Propheten Jesaja sprach: "Also soll das Wort, so aus meinem Munde geht, auch sein. Es soll nicht wieder zu mir leer kommen."[32]

Entschlossenheit ist besonders zu Beginn des Dekretierens wichtig. Man kann nämlich die Struktur für die Freisetzung des Lichts mit den ersten zwei oder drei Dekreten festlegen, indem man sie mit ungeheurer Willensstärke, in festem Glauben und begleitet von einer kraftvollen Visualisierung rezitiert. Dann werden die folgenden Dekrete auch weiterhin immer mehr Licht herabziehen und den Aufgestiegenen Meistern die Energie geben, die sie brauchen, um die Matrix zu füllen, die das Individuum vorher geschaffen hat.

Multiplikationsfaktoren

Die Wissenschaft des gesprochenen Wortes ist ein Geschenk Gottes an die Menschheit, um Seelen auf ihrem persönlichen spirituellen Weg und bei ihrem Dienst am Leben zu helfen. Gewaltige Mengen Licht können in und durch diese Seelen fließen, wenn sie die Wissenschaft korrekt anwenden. Die Ausschüttung der Lichtenergie durch das Rezitieren von Dekreten kann auf mehrere bedeutsame Weisen vervielfacht werden, die aufeinander aufbauen und einen machtvollen Strom göttlicher Energie erzeugen, der im Interesse des konstruktiven Wandels eingesetzt werden kann.

Wenn man einem Dekret persönliche Anrufungen hinzufügt, kann dies seine Wirksamkeit noch verstärken. Die Anrufung der eigenen ICH-BIN-Gegenwart und der Meister, Engel und kosmischen Wesen, die in der Präambel des Dekretes genannt werden, stellt eine weitere Möglichkeit dar, das transzendente Licht zu verstärken, da die himmlischen Heerscharen als Antwort auf unsere Anrufungen die Energie der sieben Strahlen aus ihren Kausalkörpern freisetzen.

Die Macht von drei mal drei

Es gibt weitere unglaubliche Multiplikationsfaktoren, welche die Wissenschaft des gesprochenen Wortes zu einem kaum zu übertreffenden spirituellen Werkzeug machen. Einer davon macht sich die Macht von drei mal drei zunutze. Wenn man den Haupttext eines Dekretes drei Mal spricht, wird seine Wirksamkeit durch die Energie der Dreifaltigkeit aus Vater, Sohn und Heiligem Geist vervielfacht. Durch diese Methode wird die Macht des Dekretes um das Dreifache verstärkt.

Die drei Aspekte Gottes, die in uns als die Liebe, Weisheit und Macht der dreifältigen Flamme leben, gehen dann mit der dreifältigen Flamme des heiligen Christusselbst und der ICH-BIN-Gegenwart in Resonanz. Dies hat den Effekt, dass die drei Wiederholungen (die dreifältige Flamme mal drei) ins Quadrat gesetzt werden; so hat das Dekret dann das Neunfache an Energie. Aus diesem Grund ist es von Vorteil, Dekrete drei Mal oder um ein Mehrfaches von Drei zu wiederholen.

Die Macht der Quadratur

Ein weiterer Multiplikationsfaktor besteht in der Anzahl der Menschen, die das betreffende Dekret rezitieren. Nach dem kosmischen Gesetz ist die Macht von zwei oder mehr Menschen, die gleichzeitig dekretieren, stärker als die Macht eines Einzelnen. Sie zieht aufgrund der Macht Gottes in jeder ICH-BIN-Gegenwart mehr heiliges Feuer an. Je mehr Menschen gemeinsam dekretieren, desto mehr wird die Energie geometrisch multipliziert. Diese Vervielfachung manifestiert sich wiederum in der Macht der Quadratur. Zwei Menschen, die gemeinsam dekretieren, erzeugen die Macht von vier Menschen (2^2); zehn Menschen, die gemeinsam dekretieren, vervielfachen die Anrufung um das Hundertfache (10^2). Daher ermöglicht das Dekretieren in Gruppen ein weitaus mächtigeres Einströmen von Licht und ist, wann immer möglich, unbedingt erwünscht.

Die Macht von 10.000 mal 10.000

Als ob das alles nicht schon ausreichen würde, haben die Aufgestiegenen Meister jenen Schülern, die diese Wissenschaft korrekt anwenden, einen fantastischen Zuschuss an Energie, einen Dispens, gewährt. 1961 machte Maitreya, der das Amt des kosmischen Christus innehat, eine Ankündigung von ungeheurer Bedeutung:

> "Ich, Maitreya, sage euch heute, dass die Aufgestiegenen Meister in sorgfältigen Beratungen in den Konzilen der Großen Weißen Bruderschaft beschlossen haben, dass die menschliche Tyrannei lange genug den Massengeist in Geiselhaft gehalten hat. Daher haben wir um eine große Gunst gebeten, durch welche der Schülerschaft heute etwas gewährt werden soll, was als *die volle Macht von 10.000 mal 10.000* bezeichnet wird!
>
> Von diesem Tag an *soll jedes Dekret, das ihr aussprecht, um die Macht von 10.000 mal 10.000 verstärkt werden!*
>
> Ich, Maitreya, erkläre, dass jene, die von diesem Tag an Dekrete rezitieren, eine gewaltige,

antreibende, schnell voranströmende Beschleunigung erzeugen werden, die durch das irdische Bewusstsein der Menschheit fegen und diese Erde befreien wird!"[33]

Es ist schwer, sich die Bedeutung dieses Dispenses auch nur vorzustellen. Es funktioniert auf die folgende Weise: Die Energie eines Dekretes erhebt sich von der Ebene des menschlichen Bewusstseins auf die der Aufgestiegenen Meister. Dort vervielfachen die Meister sie um das 10.000 mal 10.000-fache, also um das 100.000.000-fache. Dann wird dieser gewaltig verstärkte Energiestrom zur physischen Ebene zurückgeschickt und steht hier zur Verfügung, um gewaltige Veränderungen zum Segen und zur Heilung des ganzen Planeten zu bewirken.

Praktische Ergebnisse

Neue Schüler fragen sich häufig, wie ihre Dekrete einen Einfluss auf die Weltlage haben können. Die Multiplikationsfaktoren sind die Antwort. Nur ein einziges Dekret, das voller Hingabe und Konzentration rezitiert wird, kann 100.000 Engel an die Seite der Person rufen, die ihre Hilfe braucht. Rezitiert man ein Dekret mehr als ein Mal, vervielfacht sich dieser Effekt noch. Wenn das Dekret wiederholt wird, werden die Klangwellen, die es ausstrahlt, verstärkt, und die Schwingung intensiviert sich. Die rhythmische Wiederholung der Worte erzeugt immer stärker werdende Wellen der Macht, so wie Lichtwellen, die verstärkt und gebündelt werden, einen Laserstrahl erzeugen. Ein solcher Laserstrahl kann sich durch eine massive Metallplatte hindurchbrennen. So kann auch ein korrekt erzeugter Strom rhythmischen Klangs physische Materie umwandeln und Undurchlässigkeit und Verschlossenheit sowie Dissonanz und Zwietracht beseitigen. Das Wiederholen von Dekreten stellt zudem eine Möglichkeit dar, wie wir die uns stärkende Präsenz der Engelscharen in schwierigen oder festgefahrenen Situationen herbeirufen können. Wenn Gott durch ein Dekret die Botschaft empfängt, den Verkauf von illegalen Drogen zu unterbinden, schickt er Millionen Engel, die diese Aufgabe erledigen. Ein Problem, das so groß ist wie der internationale

Drogenhandel und in dem es um Milliarden von Dollar und möglicherweise Hunderttausende Beteiligte geht, kann nur durch ein massives Eingreifen der himmlischen Heerscharen bewältigt werden. Ihre Armeen des Lichts können uns in großer Zahl zu Hilfe kommen, wenn ein Dekret viele Male wiederholt wird.

Die kumulativen Effekte berechnen

Angesichts all dieser Multiplikationsfaktoren wollen wir uns nun anschauen, welche Wirkung es hat, wenn wir Dekrete wiederholt und gemeinsam mit anderen rezitieren.

1. Maitreyas Dispens: Jedes Dekret wird automatisch um das 10.000-fache verstärkt.
   Eine Wiederholung hat daher die Macht von 100 Millionen Dekreten.

2. Die Macht von drei mal drei: Die Macht eines Dekrets wird zum Quadrat erhoben, wenn das Dekret drei Mal rezitiert wird.

Anzahl der Wiederholungen

1 Mal	=	1^2	=	1
3 Mal	=	3^2	=	9

3. Die Macht der Quadratur: Die Macht eines Dekrets wird durch die Anzahl der beteiligten Personen zum Quadrat erhoben.

   Anzahl der Beteiligten

1	=	1^2	=	1
2	=	2^2	=	4
4	=	4^2	=	16
100	=	100^2	=	10.000

Diese Faktoren sind kumulativ, wenn die einzelnen Faktoren während einer Dekretiersitzung miteinander kombiniert werden. Stellen Sie sich beispielsweise vor, dass Sie ein Dekret an Erzengel Michael drei Mal gemeinsam mit fünf anderen Leuten rezitieren. Die Macht dieses Dekrets wird um das 1.000.000-fache (Maitreyas Dispens) mal 36 (sechs Teilnehmer zum Quadrat) mal neun (drei Wiederholungen zum Quadrat) angehoben – also um einen Faktor von 32.400.000.000! Das sollte ein

echter Anreiz sein, Dekrete zu wiederholen und gemeinsam mit anderen zu rezitieren.[34]
Dank der uns von den Aufgestiegenen Meistern gewährten Förderung können wir erkennen, wie groß das Potenzial ist, das menschliche Leiden - Krankheiten, Armut und Krieg - durch die Macht dynamischer Dekrete zu lindern. Denken Sie nur daran, was die Wissenschaft des gesprochenen Wortes für den individuellen Fortschritt auf dem spirituellen Weg tun kann!

Die Langversion des Lichtsäulen-Dekretes

Die Anrufung der Lichtsäule aus der mächtigen ICH-BIN-Gegenwart stellt ein weiteres wichtiges Instrument des spirituellen Wachstums dar. Seine versiegelnde Wirkung bietet zusätzlichen Schutz für die vier niederen Körper und die Seele. Wir wollen uns nun ein erweitertes Dekret anschauen, mit dem wir uns in die Lichtsäule hüllen können. Das "Violettes-Feuer- und Lichtsäulen-Dekret", häufig auch als Langversion der "Lichtsäule" bezeichnet, ist eine anschaulichere und machtvollere Anrufung als die Kurzversion der "Lichtsäule". Es stellt zudem einen tief empfundenen Ausdruck von Liebe und Verehrung für unsere eigene göttliche Gegenwart dar. Probieren Sie dieses Dekret doch gleich einmal anhand der folgenden Übung aus.

Darstellung des göttlichen Selbst

Praxis des gesprochenen Wortes: Die Langversion des Lichtsäulen-Dekretes rezitieren

1. Stellen oder legen Sie Ihr Buch so, dass Sie das Dekret lesen können, ohne das Buch halten zu müssen. Stehen Sie mit ausgestreckten Armen und nach oben gerichteten Handflächen da – wie in der Darstellung des göttlichen Selbst gezeigt. Diese Haltung gestattet es Ihnen, die Lichtenergie Ihrer ICH-BIN-Gegenwart durch die Chakras in Ihren Händen zu empfangen.

2. Stellen Sie sich eine durchsichtige Säule weißen Lichtes mit einem Umfang von zirka einem Meter vor, die sich um Sie herum herabsenkt und jede Negativität blockiert. Während Sie das Dekret rezitieren, sehen Sie eine violette Flamme emporlodern, die Lichtsäule erfüllen und Sie von allen disharmonischen Gedanken und Gefühlen befreien.

3. Rezitieren Sie dieses dynamische Dekret mit feuriger Entschlossenheit.

Violettes-Feuer- und Lichtsäulen-Dekret

Oh meine beständige, liebende ICH-BIN-Gegenwart, du Licht Gottes über mir, dessen Glanz einen Feuerkreis vor mir bildet, um meinen Weg zu erhellen.

Im treuen Glauben rufe ich dich an, jetzt und heute aus meiner eigenen ICH-BIN-Gottesgegenwart eine große Lichtsäule um mich herum zu errichten! Bewahre sie unversehrt in jedem Augenblick als Manifestation eines schimmernden Schauers von Gottes wunderschönem Licht, durch das niemals etwas Menschliches dringen kann. In diesen wunderschönen elektrischen Kreis göttlich geladener Energie führe einen aufsteigenden Schwall des violetten Feuers – der vergebenden, umwandelnden Flamme der Freiheit!

Bewirke, dass die ständig sich ausdehnende Energie dieser Flamme, die in das Kraftfeld meiner menschlichen Energien hinunterprojiziert wird, jegliche negativen Zustände vollständig in die positive Polarität meines eigenen großen Gottesselbst verwandelt! Lasse die Magie ihrer Gnade meine Welt so durch das Licht läutern, dass alle, mit denen ich in Kontakt komme, immer mit dem Veilchenduft aus Gottes eigenem Herzen gesegnet werden – zum Gedenken an jenen gesegneten und herannahenden Tag, an dem aller Streit – in Ursache, Wirkung, Aufzeichnung und Erinnerung – auf ewig in den Sieg des Lichtes und den Frieden des aufgestiegenen Jesus Christus verwandelt ist.

Ich erkenne nun fortwährend die volle Macht und Manifestierung dieses Fiats des Lichtes an und aktiviere es augenblicklich durch meinen eigenen, mir von Gott gegebenen freien Willen und die Kraft, diese heilige Hilfeleistung aus Gottes Herzen grenzenlos zu beschleunigen, bis alle Menschen im Licht, das niemals, niemals, niemals versagt, aufgestiegen und in Gott frei sind!

(Es folgt der englische Originaltext.)

O my constant, loving I AM Presence, thou light of God above me whose radiance forms a circle of fire before me to light my way:

I AM faithfully calling to thee to place a great pillar of light from my own mighty I AM God Presence all around me right now today! Keep it intact through every passing moment, manifesting as a shimmering shower of God's beautiful light through which nothing human can ever pass. Into this beautiful electric circle of divinely charged energy, direct a swift upsurge of the violet fire of freedom's forgiving transmuting flame!

Cause the ever expanding energy of this flame projected downwards into the forcefield of my human energies to completely change every negative condition into the positive polarity of my own God Self! Let the magic of its mercy so purify my world with light that all whom I contact shall always be blessed with the fragrance of violets from God's own heart in memory of the blessed dawning day when all discord–cause, effect, record, and memory–is forever changed into the victory of light and the peace of the ascended Jesus Christ.

I AM now constantly accepting the full power and manifestation of this fiat of light and calling it into instantaneous action by my own God-given free will and the power to accelerate without limit this sacred release of assistance from God's own heart until all men are ascended and God-free in the light that never, never, never fails!

Kosmische Schätze sammeln: Tägliches Dekretieren

Durch das Rezitieren von Dekreten werden die Chakras aufgeladen. Dieses Licht steigt dann als persönlicher "Schatz im Himmel"[35] zum Kausalkörper auf. Warum also nicht täglich Dekrete rezitieren, um ein kosmisches Bankguthaben anzulegen, das sich eines Tages als nettes Polster herausstellen wird? Es steht uns dann für etwaige Notfälle zur Verfügung. Indem man die Meister täglich durch Dekrete anruft, stellt man eine starke Verbindung zu ihnen her, sodass sie dann in Notzeiten schneller reagieren können. Außerdem wird durch das regelmäßige Dekretieren das Bewusstsein der Schüler versiegelt, geschützt und angehoben, was zu einem schnelleren spirituellen Fortschritt führt.

Der Terminplan der meisten Menschen ist bereits ziemlich voll, und es mag schwierig erscheinen, zu den vielen anderen Aufgaben, die wir bewältigen müssen, auch noch eine regelmäßige Praxis des gesprochenen Wortes hinzuzufügen. Aber wenn wir uns die Zeit nehmen, jeden Tag einige wenige Dekrete zu rezitieren, kann uns dies tatsächlich einen

Schub geben, dank dem wir unsere Arbeit besser und schneller erledigen können. Die Meister lehren, dass Dekrete den Strom des Lichts im Körper verstärken und dass dieser Lichtstrom durch die Chakras ein wichtiger Faktor ist, der das Energieniveau eines Menschen bestimmt. Das Rezitieren von Dekreten kann tatsächlich Zeit sparen, weil zusätzliches Licht gewährt wird, das notwendig ist, um die Aufgaben schneller, harmonischer und effizienter zu erledigen.

Wenn man ein tägliches Ritual aus dem Dekretieren macht (am besten frühmorgens), trägt dies dazu bei, dass die vier niederen Körper geschützt sind und negative Energien, denen man während des Tages ausgesetzt ist, umgewandelt werden. Man kann sich dies zunutze machen, wenn man ein Ritual benutzt, das einige Standarddekrete umfasst. Eine grundlegende Morgenroutine soll im folgenden Kapitel vorgestellt werden.

Eine tägliche Dekret-Morgenroutine

1. **Die Langversion des Lichtsäulen-Dekrets:** Beginnen Sie mit dem "Violettes-Feuer- und Lichtsäulen-Dekret". Das dreimalige Rezitieren dieses Dekrets wird Ihre Lichtsäule während der nächsten 24 Stunden fest um Sie herum verankern.

2. **Dekrete an die blaue Flamme:** Errichten Sie als Nächstes ein Schutzfeld, indem Sie Dekrete an Erzengel Michael rezitieren.[36] Wenn Sie dieses Dekret jeden Tag 20 Minuten lang aufsagen, ist garantiert, dass ein Engel den ganzen Tag über an ihrer Seite wacht und Sie beschützt. Das hat uns Erzengel Michael selbst versprochen. Bedenken Sie nur: In der Zeit, die Sie brauchen, um mit Ihrem Hund Gassi zu gehen, können Sie mit Ihrem eigenen Engel spazieren gehen.

3. **Dekrete an die violette Flamme:** Die Dekrete an die violette Flamme sind der letzte Schliff, um auf den Tag vorbereitet zu sein.

Jeden Morgen bringen die Engel ein Bündel mit negativem Karma, das an diesem Tag umgewandelt werden soll, zu jeder Türschwelle. Die violette Flamme kann es auflösen, bevor es physische Form annimmt. Außerdem gibt Ihnen die violette Flamme Freude und ein Gefühl der Freiheit, das durchaus ansteckend ist, sodass es sich auf andere überträgt, denen Sie an diesem Tag begegnen, und ihren Tag freundlicher macht.

Die Meister haben uns gebeten, jeden Tag mindestens 15 Minuten lang für uns selbst und den Planeten Dekrete an die violette Flamme zu rezitieren.[37] Zudem ermöglicht uns das mindestens 15 Minuten lange Rezitieren (ohne Präambel, Schlusswort oder persönliche Anrufungen) der Dekrete an die violette Flamme, uns einen weiteren bemerkenswerten Dispens zunutze zu machen. Der Aufgestiegene Meister Omri-Tas hat gesagt, dass er alle 15-minütigen Anrufungen der violetten Flamme um das Zehnfache vervielfachen wird, wenn wir ihn darum bitten.

Daher sollten Sie nach der Präambel eines Dekretes an die violette Flamme sagen: "Ich rufe den Kausalkörper des geliebten Omri-Tas an, diese Anrufungen um das Zehnfache zu vervielfachen." Dann werden sich die folgenden 15 Minuten mit der violetten Flamme in 150 Minuten reiner violetter Energie verwandeln, die Ihr Karma ausgleicht. Was für ein wunderbares, von Herzen kommendes Geschenk!

ANMERKUNGEN

1. Die Aufgestiegenen Meister sprechen häufig von den "inneren Ebenen", wenn sie sich auf Erfahrungen auf der ätherischen Ebene oder auf die Seele beziehen.
2. *Pearls of Wisdom*. Band 29, Nummer 26, Seite 258.
3. *Pearls of Wisdom*. Band 39, Nummer 38, Seite 207.
4. Eine Mysterienschule ist ein heiliger, von der Großen Weißen Bruderschaft unterhaltener Ort, der als Archiv des Wissens um die göttlichen Mysterien dient. Dieses Wissen wird Seelen dann gewährt, wenn sie die notwendige Disziplin und Liebe unter Beweis gestellt haben, die gewährleisten, dass sie das Wissen konstruktiv zur Ausbreitung von Gottes Werk auf Erden einsetzen werden.

5. Die Große Weiße Bruderschaft wird im siebten Kapitel der Offenbarung des Johannes als die große Schar der Heiligen "angetan mit weißen Kleidern", die vor dem Thron Gottes stehen, bezeichnet. (Weiß bezieht sich nicht auf die Rasse, sondern auf das weiße Licht, das in der Aura der Heiligen sichtbar ist.) Diese erleuchteten Lehrer entstammen allen Rassen und Nationalitäten, allen Gesellschaftsschichten und allen Religionen.
6. Dannion Brinkley und Paul Perry: *Saved by the Light*. Deutsch: *Geborgen im Licht: Die wahre Geschichte des Mannes, der zweimal starb*. Knaur 2010.
7. Betty J. Eadie: *Embraced by the Light*. Deutsch: *Licht am Ende des Lebens*. Knaur 1994.
8. Joel L. Whitton und Joe Fisher: *Life Between Life*. Deutsch: *Das Leben zwischen den Leben. Ein Forschungsbericht aus der Welt jenseits unserer physischen Existenz*. Goldmann 1998.
9. El Morya: Brief an die "Beloved Hearts of Light" ("Geliebte Herzen des Lichts"), diktiert am 13. März 1964.
10. Joel L. Whitton und Joe Fisher: *Life Between Life*. Deutsch: *Das Leben zwischen den Leben. Ein Forschungsbericht aus der Welt jenseits unserer physischen Existenz*. Goldmann, München 1998.

11. Offenbarung 21,2. (Wenn nicht anders angemerkt, sind alle Bibelzitate der Lutherbibel von 1545 entnommen.)
12. *Pearls of Wisdom*. Band 30, Nummer 69, Seite 557.
13. *Pearls of Wisdom*. Band 23, Nummer 51, Seite 367.
14. Als Repräsentant des Heiligen Geistes verkörpert der Maha Chohan das weiße Licht aller Strahlen und lehrt die siebenfältige Ausgewogenheit dieser Strahlen. Aufgrund seines gegenüber der Menschheit geleisteten Gelöbnisses ("Ich bewahre die Flamme für euch, bis ihr dazu fähig seid") wird dieser wahrhaft große Meister auch als "Hüter der Flamme" bezeichnet.
15. *Pearls of Wisdom*. Band 40, Nummer 12, Seiten 69 bis 70.
16. Alles, was sich in der Welt eines Individuums ereignet, wird in einer Substanz und Dimension aufgezeichnet, die als "Akasha" (aus dem Sanskrit) bezeichnet wird. Akasha ist primär eine Substanz, (die subtilste ätherische Energie), die in einem bestimmten Frequenzbereich schwingt, um alle Eindrücke des Lebens aufzunehmen oder aufzuzeichnen. Die Akasha-Chronik kann von Adepten oder jenen Menschen gelesen werden, deren seelische Fähigkeiten hoch entwickelt sind.
17. Die Herren des Karmas sind eine Gruppe aus acht Aufgestiegenen Meistern und kosmischen Wesen, die

in diesem Weltensystem Recht sprechen und für Gerechtigkeit sorgen. Sie entscheiden für jede Seele über deren Karma, sie gewähren Gnade und fällen ein Urteil. Alle Seelen müssen nach jeder Inkarnation vor ihnen erscheinen, um ihre Leistungen bewerten zu lassen und ihre Aufgaben für das nächste Leben zugeteilt zu bekommen.

18. Mark L. Prophet und Elizabeth Clare Prophet: "Lost Teachings on Keys to Spiritual Progress" in *The Lost Teachings of Jesus*. Summit University Press, Gardiner 2005. Seiten 139, 141-142.

19. Die sieben Chohans der Strahlen und der Maha Chohan leiten Universitäten des Geistes in ihren ätherischen Refugien. Um mehr darüber zu erfahren, wie ein Studium an den Universitäten des Geistes Sie auf Ihrem Weg und Ihrem Dienst auf den sieben Strahlen voranbringen kann, lesen Sie die Seiten 298 bis 309 in *Lords of the Seven Rays. Book 2*. Siehe auch *Pearls of Wisdom* 1986, Band 29, Nummer 21, Seiten 178 bis 180, und Nummer 79, Seite 79. Copyright © 2008 Summit Publications Inc. Alle Rechte vorbehalten. Herausgegeben von The Summit Lighthouse, 63 Summit Way, Gardiner, MT 59030-9314. Telefon 001 406 848 9500. www.TSL.org

Für die Zyklen von 2010 bis 2014 schlagen Sie bitte auf den Seiten 274 und 275 nach.

20. *Pearls of Wisdom*. Band 29, Nummer 21, Seite 179.
21. Zeitpläne nach dem 25. Dezember 2013 können aufgrund dieses Zeitplans errechnet werden.
22. Die ätherischen Refugien der Erzengel werden in einem späteren Buch behandelt.
23. Mark L. Prophet und Elizabeth Clare Prophet: *Lords of the Seven Rays: Mirror of Consciousness. Book 2*. Summit University Press 1986, Seiten 304-305.
24. *Pearls of Wisdom*. Band 39, Nummer 25, Seite 142.
25. Epheser 4,26.
26. Anm. d. Übers.: Das Wort *Chela* bedeutet wörtlich Diener, meint hier aber einen spirituellen Schüler.
27. Windpferd Verlag, Aitrang 1990. Englischer Originaltitel: *The Lost Continent of Mu.*
28. Die göttliche Mutter ist die weibliche Polarität der Gottheit, die Manifestierung Gottes als Mutter. Materie ist die weibliche Polarität zu *Geist,* und der Begriff ist mit dem lateinischen Wort für Mutter *(mater)* austauschbar. In diesem Kontext wird die gesamte materielle Welt zum Schoß der Schöpfung, in den der *Geist* die Energien des Lebens hineinprojiziert.
29. Godfré Ray King: *The Magic Presence*. Saint Germain Press, Chicago 1982. Seiten 304-305.
    Auf Deutsch: Die magische Gegenwart (Band 2) von Godfré Ray King, 1978 im Eigenverlag herausgegeben.

30. Leto lehrt ausführlich über Seelenreisen in Lektion 7 der *Keepers of the Flame Lessons*, die von *Summit University Press* für Mitglieder der *Keepers of the Flame Fraternity*, einem spirituellen Orden für Männer und Frauen, der vom Aufgestiegenen Meister Saint Germain ins Leben gerufen wurde, herausgegeben werden.
31. *Pearls of Wisdom*. Band 33, Nummer 45, Seite 576.
32. Jesaja 55,11.
33. Mark L. Prophet und Elizabeth Clare Prophet: *The Science of the Spoken Word*. Summit University Press 1991, Seite 78.
34. Die Schüler können diese Multiplikationsfaktoren auch nutzen, indem sie ihre Dekrete im Einklang mit den CDs rezitieren, die von *The Summit Lighthouse* herausgegeben werden. Wenn Sie diese verwenden, empfangen Sie die phänomenalen Multiplikationsfaktoren aus Wiederholungen und der Anzahl der Beteiligten.
35. Markus 10,21.
36. Dekrete und Informationen zu Erzengel Michael finden sich unter anderem in folgenden Büchern der Autorin Elizabeth Clare Prophet: *Botschaften aus der Engelwelt. Erzengel Michael.* Silberschnur 2006. *Ich beschütze dich. Wie wir mit Erzengel Michael sicher durchs Leben gehen.* Ansata 2008.

37. Dekrete und Informationen zur Arbeit mit der violetten Flamme finden sich unter anderem in folgenden Büchern der Autorin Elizabeth Clare Prophet: *Die violette Flamme. Heilung für Körper, Geist und Seele.* Silberschnur 2005. *Botschaften aus der Engelwelt. Erzengel Zadkiel. Das Lichtwesen der violetten Flamme.* Silberschnur 2009.

Über die Autoren

Mark L. Prophet und *Elizabeth Clare Prophet* sind Pioniere der modernen Spiritualität und international renommierte Autoren. Mehr als 40 Jahre haben die Prophets die Lehren der unsterblichen Heiligen und Weisen des Ostens und Westens veröffentlicht, die als die Aufgestiegenen Meister bekannt sind. Gemeinsam haben sie der Welt ein neues Verständnis des alten Wissens sowie einen Pfad des praktischen Mystizismus vermittelt. Ihre Bücher wurden in mehr als 31 Sprachen übersetzt und werden weltweit vertrieben.

Elizabeth Clare Prophet & Mark L. Prophet

Die Kraft des göttlichen Willens

Der erste Strahl der göttlichen Macht

160 Seiten, broschiert
ISBN 978-3-89845-356-1
€ [D] 6,95

Sieben göttliche Strahlen helfen uns dabei, uns mit dem Höheren Selbst zu vereinigen und unseren Aufstieg zu bewerkstelligen.
Der erste Strahl liefert die Energie, die einen Menschen dazu motiviert, sich ein Ziel zu setzen, und er hilft, dieses Ziel zu erreichen. Er steht am Anfang eines jeden spirituellen Weges, und erst die Verwirklichung auf diesem Strahl öffnet uns den Weg zu den folgenden sechs Strahlen. Diese meisterhafte Einführung in die göttlichen Strahlen hilft Ihnen, Ihren spirituellen Weg zu verwirklichen und den Aufstieg erfolgreich zu meistern.

Elizabeth Clare Prophet

Die kosmische Hierarchie

112 Seiten, broschiert
ISBN 978-3-89845-320-2
€ [D] 6,95

Dieses Einsteigerbuch zu den Weisheitslehren der Meister beschreibt die Existenz meisterlicher geistiger Wesen, die jenseits des Schleiers leben. Erfahren Sie mehr über:

- Die drei Reiche der kosmischen Hierarchie
- Den Kontakt zu kosmischen Wesen
- Die Hierarchen der sieben Strahlen

Vertiefen Sie sich in die verborgenen Dimensionen des Lebens, und lernen Sie durch die Begegnungen mit den Meistern, wie auch Sie die göttlichen Eigenschaften des Willens, der Weisheit und der Liebe verkörpern können.

Elizabeth Clare Prophet & Mark L. Prophet

Das Reich der Engel

Engel kündigen wichtige Ereignisse an, retten Seelen und bringen uns Initiationen. Sie möchten uns helfen, erleuchten, trösten, inspirieren, heilen und vor Gefahren warnen.

Elizabeth Clare und Mark L. Prophet zeigen in dieser meisterhaften Einführung in das Engelreich, wie wir die hilfsbereiten Freunde des Lichts um ihre Unterstützung bitten können. Indem wir ihre praktischen Tipps anwenden, können wir die Engel bewusst in unseren Alltag integrieren, mit ihnen kommunizieren und sie um Hilfe für uns anrufen.

144 Seiten, broschiert
ISBN 978-3-89845-338-7
€ [D] 6,95

Elizabeth Clare Prophet & Mark L. Prophet

Botschaften aus dem Lichtreich

Elizabeth Clare und Mark L. Prophet zählen in vielen Ländern zu den meistgelesenen Autoren. Dass dies kein Zufall ist, demonstrieren sie eindrucksvoll in diesem Buch, geschrieben für alle, die mithilfe von praktischen Anleitungen eine neue Dimension des Seins erlangen wollen. Die Autoren behandeln zentrale Themen ihrer Lehre wie die Aufgestiegenen Meister, die dreifältige Flamme des Herzens oder die kreative Kraft des Klanges.

Worauf warten Sie noch? Ein Buch der kleinen Schlüssel zu großen Türen – eine wundervolle Begegnung mit außergewöhnlichen Wegbereitern für ein neues kosmisches Bewusstsein.

224 Seiten, Klappenbr.
ISBN 978-3-89845-304-2
€ [D] 16,90

256 Seiten, Klappenbr.,
ISBN 978-3-89845-307-3
€ [D] 16,90

Myra

Saint Germains Vermächtnis

Ein westlich-abendländischer Einweihungsweg

Saint Germain unterrichtete in den Neunzigerjahren des 20. Jahrhunderts einige Jahre einen Kreis von Personen. Ein Teil dieses einzigartigen Wissens ist hier erstmals in Buchform zusammengestellt. Im Mittelpunkt des ersten Teiles steht das allumfassende Prinzip des kosmischen Christus. Saint Germain weist uns hier einen westlich-abendländischen Einweihungsweg, der eine Umwandlung des Lebens ermöglicht – eine Heilung im Sinne von Ganzheit. Der zweite Teil eröffnet uns einen Zugang zum mystischen Christentum und zu unserer eigenen keltischen Urtradition. Ein Buch, das uns wieder mit unseren Wurzeln verbindet ...

212 Seiten, mit farb. Abb.,
broschiert
ISBN 978-3-89845-308-0
€ [D] 6,95

Claire Avalon

Die Lichtstrahlen der Aufgestiegenen Meister

Eine praktische Einführung

Wir alle haben einen Lebensplan. Die kosmischen Lichtstrahlen sind dabei wie Energiebahnen, denen wir folgen, und Geist und Materie treffen sich immer wieder, um die Weichen neu auszurichten. Doch wer hütet unseren Plan? Die Aufgestiegenen Meister sind unsere Partner auf der geistigen Ebene, und sie helfen uns, die Ziele unserer Seele zu erreichen. Die Lichtstrahlen der Aufgestiegenen Meister zeigen uns, wie wir unser Leben – auch im Sinne von Ursache und Wirkung – spirituell ausrichten können.

160 Seiten, Klappenbr.
ISBN 978-3-89845-337-0
€ [D] 12,90

Dr. Christina Donnell

Schöpferisches Träumen

Zugang zu unserem unendlichen Sein

Träume offenbaren verborgene transzendentale Fähigkeiten: Diese Erkenntnis inspirierte die Psychologin Christina Donnell zu diesem mehrfach ausgezeichneten Buch, das zu einem radikal neuen Traumverständnis führt. In klarer, sachlicher Sprache schildert sie den Traum als Reiseführer auf dem Pfad zu einem höheren Bewusstsein und erklärt, wie man in Träumen in einen Zustand des Einsseins mit der Schöpfung gerät.

320 Seiten, 2-fbg.,
m. Illustr., gebunden
ISBN 978-3-89845-350-9
€ [D] 19,90

Claire Avalon

Begegnung mit den Atlantischen Priestern

Meditieren mit den göttlichen Strahlen

Claire Avalon begleitet uns zu den göttlichen Strahlen von Atlantis. Die Strahlen Blau, Goldgelb und Rosa stehen für innere Stärke, Weisheit und Mitgefühl. Die Atlantischen Priester dieser Farben führen uns in tiefgehenden Meditationen zurück nach Atlantis. Sie richten sich dabei – und das macht dieses Buch so besonders – nicht nur an Erwachsene, sondern auch an Kinder ab etwa zehn Jahren, die hier Hilfe finden, um mit Vertrauen und Selbstbewusstsein ihren Weg zu gehen. Ein wichtiges Buch für jeden in dieser Zeit des Wandels und eine wunderbare Hilfe für spirituell aufgeschlossene Eltern und Lehrer.